# Gartendiva

# Gartendiva

### Genussvoll gärtnern ohne sich die Hände zu ruinieren

## ALEX MITCHELL

Dorling Kindersley

DORLING KINDERSLEY
London, New York, Melbourne, München und Delhi

**Redaktion** Amy Corstorphine, Jo Murray
**Redaktionsleitung** Rosemary Wilkinson
**Gestaltung** Lucy Parissi
**Illustrationen** Nila Aye / New Division
**Fotos** Edward Alwright, iStock Photo
**Coverfoto** David Hews
**Herstellung** Laurence Poos

Für die deutsche Ausgabe:
**Programmleitung** Monika Schlitzer
**Projektbetreuung** Regina Franke
**Herstellungsleitung** Dorothee Whittaker
**Covergestaltung** Barbara Weishaupt

Bibliografische Information Der Deutschen Bibliothek
Die Deutsche Bibliothek verzeichnet diese Publikation
in der Deutschen Nationalbibliografie;
detaillierte bibliografische Daten sind im Internet
über http://dnb.ddb.de abrufbar.

Titel der englischen Originalausgabe von New Holland Publishers (UK) Ltd:
The Girl's Guide to Growing Your Own

Copyright © 2009: New Holland Publishers (UK) Ltd
Copyright © 2009 text: Alex Mitchell
Copyright © 2009 photographs and illustrations: New Holland Publishers (UK) Ltd

Alex Mitchell has asserted her moral right to be identified as the author of this work.

© der deutschsprachigen Ausgabe by Dorling Kindersley Verlag GmbH, München, 2010
Alle deutschsprachigen Rechte vorbehalten

**Übersetzung** Wiebke Krabbe
**Redaktion und Satz der deutschen Ausgabe**
Lesezeichen Verlagsdienste, Köln

ISBN 978-3-8310-1650-1

Reproduction by Modern Age Repro House, Hong Kong
Printed and bound in India by Replika Press Pvt. Ltd

Besuchen Sie uns im Internet
**www.dk.com**

Hinweis
Die Informationen und Ratschläge in diesem Buch sind von den Autoren und vom Verlag
sorgfältig erwogen und geprüft, dennoch kann eine Garantie nicht übernommen werden.
Eine Haftung der Autoren bzw. des Verlags und seiner Beauftragten für Personen-, Sach-
und Vermögensschäden ist ausgeschlossen.

# Inhalt

# Erst lesen, dann gärtnern

Früher fand ich keine erhabenen Worte für Salatblätter. Ich bin ein typisches Kind der 1970er-Jahre, dem frühen Zeitalter des Fertiggerichts, und wuchs mit Kochbeutelreis und Bohnen aus der Dose auf. Erbsen kannte meine Mutter nur aus der Kühltruhe des Supermarkts. Heute lobpreise ich Kirschtomaten, sinniere über Kohlsorten und fühle mich von Grund auf glücklich, wenn ich durch meinen winzigen Garten schwebe und sonnenwarme Erdbeeren pflücke. Was um alles in der Welt ist passiert? Ist es eine Reaktion auf die Zeit, als ich um die Zwanzig war und in einer Etagenwohnung lebte, aus der man allenfalls Tauben und ein paar traurige Platanen an der Straße sah? Mit Blumenkästen für Ringelblumen und Geranien fing es an. Bald kamen Rucola und Pflücksalat dazu. Und als ich meine erste selbst geerntete Tomate gegessen hatte, war ich hoffnungslos gartensüchtig.

Als Journalistin in einer quirligen Redaktion mit lauten, trinkfesten, rauchenden Kollegen versuche ich, meine Tomaten in Pflanzbeuteln mit Redaktionsschlussterminen unter einen Hut zu bringen, um mein Gartenfieber niedrig zu halten.

Nach über zehn Jahren hat meine Leidenschaft für den Anbau von Essbarem noch nicht nachgelassen. Aber es geht mir nicht allein so. Das Nutzgartenvirus greift dieser Tage heftig um sich. Und heutzutage diskutieren nicht nur Herren gesetzten Alters über Kartoffeln und Auberginen, sondern Leute aller Altersklassen, darunter viele, die noch ihre eigenen Zähne haben.

Warum ist das so? Seit einigen Jahren können wir im Winter exotische Früchte kaufen. Dünne Prinzessbohnen, schon küchenfertig geputzt und perfekt parallel verpackt, werden aus Kenia eingeflogen. Aber es fühlt sich nicht richtig an. Transportkosten, Pestizide und Verpackungsmaterial sind ins Kreuzfeuer der Kritik geraten, und immer mehr Esser bevorzugen Bioware. Was mag in dem abgepackten Salat alles stecken? Und vor allem: Wie schmeckt er? Wir alle haben schon die roten Dinger gegessen, die wie Erdbeeren aussahen, aber nach nichts schmeckten. Und seit wann müssen Pfirsiche wie Watte schmecken?

Was soll eine moderne, umwelt- und gesundheitsbewusste Stadtbewohnerin da tun? Wir wollen frisches, biologisch angebautes Obst und Gemüse aus der Region essen, aber nicht in die Provinz ziehen und Selbstversorger werden. Man könnte sich um einen Schrebergarten bemühen, aber bis man die Warteliste erklommen hat, ist man vielleicht zu alt und schwach, um eine Harke zu halten. Und auch der Fahraufwand zwischen Wohnung und Garten kann lästig sein, wenn der Garten größer ist und rund ums Jahr bei jedem Wetter Pflege braucht. Wir wollen uns auch nicht beim Umgraben Rückenschmerzen holen, schwere Säcke wuchten oder komplizierte Stangen- und Netzkonstruktionen bauen. Wir möchten auch nicht jedes Wochenende in der Gartenhütte verbringen und am Brennnesselwein des Parzellennachbarn nippen. Wir wollen bleiben, wie wir sind, nur etwas seltener in den Supermarkt gehen und dafür frisches Biogemüse und -obst aus eigenem Anbau genießen – mit möglichst wenig Mühe und viel Spaß.

Ich wünschte, ich hätte ein Buch wie dieses gehabt, als ich zu gärtnern anfing. Es ist kein typisches Handbuch für Anfänger, sondern für Leute, die viel um die Ohren haben und trotzdem gern frischen, selbst gezogenen Salat essen, vor der Tür frische Kräuter für den Risotto schneiden oder sonnengereifte Erdbeeren direkt von der Pflanze naschen wollen. Haben Sie schon einmal blaue Kartoffeln, gestreifte Tomaten, geringelte Rote Bete, gelbe Zuckererbsen oder violette Buschbohnen im Supermarkt gesehen? Auch posaunenförmige Kürbisse, violette Artischocken und weiß-rosafarben gemusterte Auberginen kann man kaum kaufen. Für die Pflanzen, die in diesem Buch vorgestellt werden, brauchen Sie weder Gewächshaus noch Spezialwerkzeug. Eine Handschaufel, ein paar Jungpflanzen und ein Beutel Pflanzerde genügen für eine stattliche Ernte vom Balkon oder mehreren Fenstersimsen. Und wenn Sie sich hübsche Gartenhandschuhe kaufen (Niemand soll behaupten, dass meine Lederarbeitshandschuhe mit rosa Litze keine Prachtstücke sind!), dann brauchen Sie hinterher noch nicht einmal eine Nagelbürste.

## Also, was wollen Sie anbauen?

Manche Pflanzen sind leichter zu kultivieren als andere. Manchmal denke ich, Rucolasamen muss man nur in die Luft werfen, und wenn man nach drei Wochen nachschaut, findet man einen Salat. Auberginen andererseits brauchen viel Zärtlichkeit und Zuspruch. Um Ihnen die Auswahl zu erleichtern, stelle ich nur Arten vor, die in kleinen Gärten und Kübeln gut gedeihen. Ein paar davon sind zwar Sensibelchen,

aber ein bisschen Mühe lohnt sich unbedingt, wenn es zur Belohnung sonnenwarme Pfirsiche, violette Pflaumen oder süßlich-milde Paprika gibt.

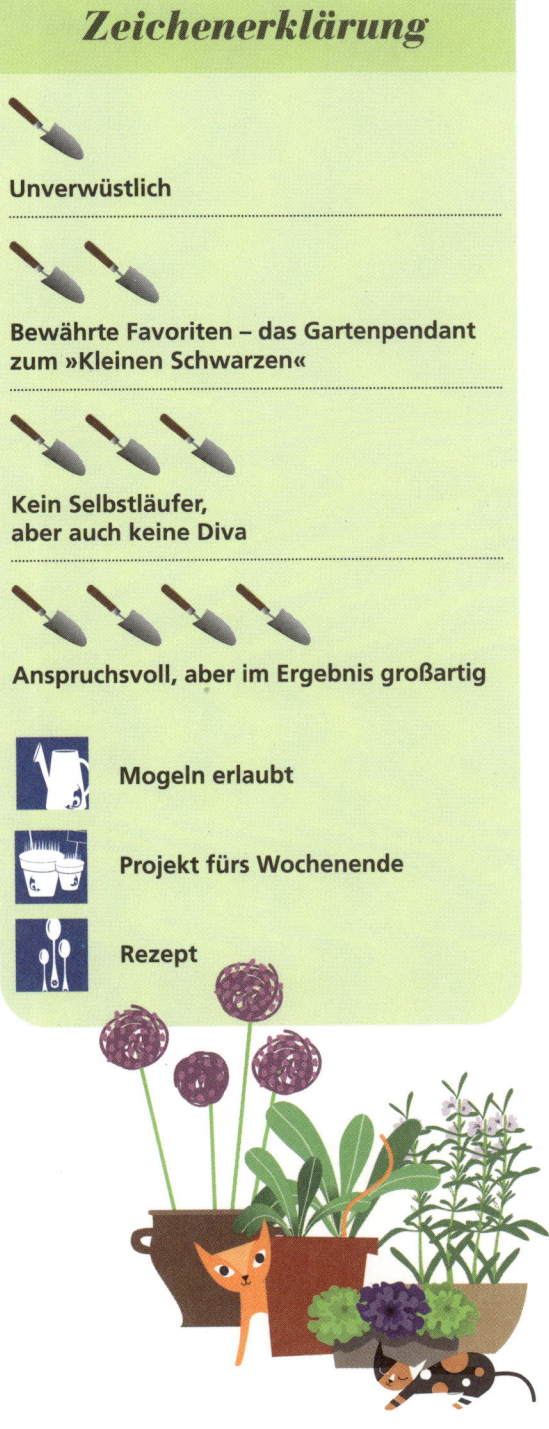

## Zeichenerklärung

**Unverwüstlich**

**Bewährte Favoriten – das Gartenpendant zum »Kleinen Schwarzen«**

**Kein Selbstläufer, aber auch keine Diva**

**Anspruchsvoll, aber im Ergebnis großartig**

**Mogeln erlaubt**

**Projekt fürs Wochenende**

**Rezept**

# Das sollten Sie wissen

### BRAUCHE ICH VIELE WERKZEUGE?

Nein. Es gibt zwar Leute (genauer gesagt Männer), die Umrisse von Spaten, Hacke und Grabegabel auf die Schuppenwand malen, damit jedes Werkzeug immer fein an seinem Platz hängt und – um Himmels Willen – bloß nicht die Erde berührt. Das ist eine Verschwörung, um Frauen glauben zu lassen, das Gärtnern sei kompliziert. Dabei wollen die Herren in ihren Schuppen nur nicht gestört werden. Die Wahrheit ist: Man braucht nicht viel Werkzeug und auch keinen Schuppen.

## Man nehme ...

Zum Aussäen benutze ich kleine Plastiktöpfe (5–7 cm Ø) oder Aussaatkästen mit »Einzelzellen«, die man im Gartencenter bekommt. Sie sind praktisch, weil man zum Umpflanzen der Sämlinge den ganzen Zelleninhalt herausnimmt. So beschädigt man die empfindlichen Wurzeln nicht. Schildchen sind nützlich, um sich zu erinnern, was wo gesät wurde (bei mir läuft immer Salat auf, wo eigentlich Erbsen sein sollen), und Gartenschnur kann man immer gebrauchen. Wer in Kübeln gärtnert, braucht nur eine Handschaufel, ein paar schöne Pflanztöpfe und eine Gießkanne mit Brausekopf. Wer einen Garten hat, sollte sich Spaten und Grabegabel anschaffen. All das gibt es relativ günstig im Gartencenter oder übers Internet.

### ERNTE AUS DEM KÜBEL

Viele Obst- und Gemüsesorten wachsen gut in Kübeln, einige – wie Feigen und Heidelbeeren – sogar besser. Eine Gruppe bepflanzter Kübel kann so üppig aussehen wie ein Gartenbeet und bietet auf einer kleinen Terrasse Platz für viele Pflanzen, von Kräutern bis zu Obstbäumen. Es kommt nur darauf an, dass der Kübel für seinen Bewohner groß genug ist. Unter einem Feigenbaum im Kübel können Sie sogar ein kleines »Beet« mit verschiedenen Pflanzen anlegen – Pflücksalat, Zucchini und Kapuzinerkresse, oder vielleicht violette Buschbohnen und Kalifornischer Mohn. Große Terrakottakübel mit Patina sind aber sogar leer ein schöner Anblick.

Das Beste am Kübelgarten ist aber, dass man sich keine Sorgen um die Bodenqualität machen muss. Ein-

## Mogeln erlaubt: Terrakotta

Alte Terrakottakübel mit Kalkausblühungen, Flechten und Moos sehen viel schöner aus als grelle Neuware aus der Fabrik. Alte Kübel vermitteln den Eindruck, dass Sie schon seit Ewigkeiten gärtnern und sich bestens auskennen. Die Alterung lässt sich aber auch beschleunigen. Einfach die Kübel mit Naturjoghurt einpinseln. Darauf siedeln sich schnell Moose und Flechten an, und jeder wird annehmen, dass Ihre Kübel vom Anwesen des Erbonkels stammen.

fach organisches Universalsubstrat kaufen, in die Kübel füllen, fertig. Und wer keine Zeit zum Aussäen hat, kann Jungpflanzen kaufen und direkt in die Kübel setzen. Sozusagen ein Instantgarten.

Pflanzen wachsen in allen Behältnissen, sofern sie Löcher im Boden haben, durch die Wasser abfließen kann. Sie können leere Eispackungen verwenden, wenn Sie wollen, allerdings sieht eine Batterie Töpfe mit der Aufschrift »Fürst Pückler« auf der Terrasse nicht gerade hinreißend aus.

Zum Glück gibt es Alternativen:

**Terrakotta:** Terrakotta ist ein Klassiker und sieht mit den Jahren immer besser aus. Handgefertigte Kübel sind schön, aber teuer. Industrieware kostet wenig, allerdings mag nicht jeder das grelle Orangerot. Keine Sorge, man kann sie leicht verschönern.

**Glasierte Kübel:** Ideal für Leute, die Mittelmeerambiente lieben (also fast alle). Typische Glasurfarben sind leuchtendes Blau, Grün oder Türkis.

**Metallkübel:** Wer einen klaren, modernen Stil mag, wird an Kübeln aus verzinktem Eisen, Kupfer, Zink, Aluminium oder gebürstetem Stahl Freude haben.

**Faserzement:** Diese Kübel sind optisch oft traditionellen Bleikübeln nachempfunden. Sie sind leicht, groß und tief genug für Obstbäume, und sehen aus wie die schweren Bleikästen, die man aus herrschaftlichen Parks kennt. Allerdings brauchen Sie für die Anschaffung keine Hypothek aufzunehmen, und sie fallen auch garantiert nicht durch die Decke auf den Frühstückstisch der Nachbarn.

**Alte Weinkisten aus Holz:** Schön für Blattsalate. Fragen Sie beim Weinhändler nach ausgemusterten Kis-

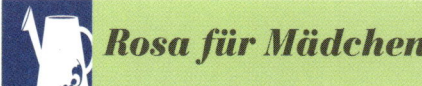

## Rosa für Mädchen

Ich habe nie ganz verstanden, warum Produkte für Frauen immer rosa und/oder geblümt sein müssen. Aber es ist schon nett, beim Kartoffelnpflanzen nicht auszusehen wie der eigene Großvater. Heutzutage gibt es so viele Gartenaccessoires speziell für Frauen, dass wir selbst bei Schmuddelarbeit salonfähig daherkommen. Wenn Sie Spaß daran haben, leisten Sie sich feminine Utensilien, vielleicht Arbeitshandschuhe aus Wildleder mit rosa Litze, kitschigbunte Gummistiefel, ein geblümtes Kniekissen oder glänzende Handwerkzeuge, die so niedlich aussehen, dass man sie am liebsten aufs Kaminsims stellen möchte. Übrigens gibt es auch »ernsthaftes« Gartenwerkzeug für Frauen. Es ist leichter und handlicher als Standardwerkzeug. Blümchen sind zwar nicht drauf, aber vielleicht wachsen sie ja noch.

(siehe S. 140 f.)

ten. Die Größe ist ideal für grünes Gemüse oder sogar Tomaten, und auch der Aufdruck hat Charme.

Ich benutze gern kunterbunte Töpfe in Orange, Neonpink oder Gelb für Chilis und Tomaten. Witzig sind auch Pflanzgefäße aus alten Gemüsesäcken (siehe S. 140 f.).

Wer kreativ ist, kann natürlich improvisieren und umfunktionieren, was zur Hand ist – Nudelsiebe, Hüte, Teekannen oder alte Stiefel. Ich habe schon prächtige Erdbeeren in einer alten Lederhandtasche gesehen. Alte Spülsteine sind beliebt, aber weil sie meistens einen recht kleinen Abfluss haben, muss man reichlich Tonscherben auf den Boden füllen. Manche Leute haben Spaß daran, ungewöhnliche Gefäße als Kübel

## Mogeln erlaubt: Drei sind viele

Aus unerfindlichen Gründen sehen Kübel in ungerader Anzahl besser aus als in gerader Anzahl. Das gilt auch für Pflanzen. Drei oder fünf ergeben eine schöne Gruppe, zwei oder vier sehen steif und unnatürlich aus.

zu benutzen. Autoreifen, Eimer, alte Badewannen … Ich erinnere mich schaudernd an eine Freundin, die Lobelien in ein altes Toilettenbecken pflanzte. Irgendwo gibt es doch eine Grenze zwischen Einfallsreichtum und Schrulligkeit.

### Hängeampeln

Fröhlich sind sie ja, aber trendig? Lange waren sie das Markenzeichen von Landgasthöfen, das Gegenteil von Zurückhaltung mit ihrer üppigen Bepflanzung aus Fleißigen Lieschen, Petunien und Ringelblumen. Bepflanzt man sie allerdings mit Essbarem, ergeben sich ganz neue Perspektiven. Hängende Minitomaten, Erbsen, Walderdbeeren, Salat und Kräuter gedeihen prima in Ampeln, wo sie außerhalb der Reichweite von Schädlingen sind.

Wenn Sie fürchten, Ihr Haus könnte am Ende wie der *Dorfkrug Zur Linde* aussehen, improvisieren Sie einfach mit knallbunten Dosen und Schnur drauflos. Aber Obacht bei der Auswahl der Dosen. Es macht einen Unterschied, ob man eine charmante griechische Olivenöldose mit Oregano bepflanzt oder Salat in die Großverbraucherdose von Pichelsteiner Eintopf zwängt.

### Pflanzbeutel – und los!

Pflanzbeutel sind nicht chic, aber ich mag sie. Die länglichen Plastikwürste sind oft mit bunten Bildern von Tomaten bedruckt und sehen nicht wirklich toll aus. Die schönste Sammlung feinster Terrakottakübel sieht nach nichts aus, wenn dazwischen so ein Pflanzbeutel liegt. Trotzdem sind sie so ideal zum Ziehen von Tomaten, dass ich sie jedes Jahr verwende. Man schneidet die Beutel an drei Stellen mit dem Messer einfach kreuzförmig ein und pflanzt in jede Öffnung eine Tomate. Und sie gedeihen immer, sogar wenn die Pflanzen in Kübeln und Beeten es schwer haben.

Aber wie tarnt man die bunte Plastikhülle? In einem ungewöhnlich kreativen Moment habe ich mir flache Holzkisten genau im passenden Format für die Säcke gebaut. Ähnliche Kästen kann man auch bei Händlern für Gartenzubehör kaufen *(siehe S. 140 f.)*.

Sie können die ollen Plastiksäcke natürlich auch ganz selbstbewusst zur Schau stellen und alle, die darüber mäkeln, als Snobs schmähen.

### Blumenkästen

Die meisten Leute haben einen Garten, auch wenn sie kein Haus besitzen. Dann liegt der Garten eben im dritten Stock auf dem Fenstersims. Dort gedeihen viele Pflanzen bestens. Sie brauchen nur einen Blumenkasten.

Plastikkästen meide ich, weil sie hässlich aussehen und auch von üppigsten Pflanzen nie ganz verdeckt werden. Kästen aus Terrakotta und leichtem Metall sehen gut aus, Holzkästen wirken rustikal und Körbe folkloristisch. Meine aktuellen Favoriten bestehen aus Faserzement in Bleioptik. Sie sind groß genug für Auberginen- und Paprikapflanzen. Unabhängig vom Material sollten Sie die größten Kästen nehmen, die auf Ihrem Sims Platz finden und deren Gewicht es tragen kann. In kleinen Kästen trocknet die Erde im Sommer zu schnell aus. Je größer die Kästen, desto weniger Wege müssen Sie mit der Gießkanne gehen.

Schwere Blumenkästen reißt der Wind nicht so leicht ab – gut für Passanten unten auf der Straße. Sicher befestigt werden müssen sie trotzdem, selbst wenn Sie die

## Mogeln erlaubt: Hängeampeln

Leider trocknen Hängeampeln bei heißem Wetter schnell aus. Sie müssen regelmäßig gießen. Leichter wird es, wenn Sie beim Bepflanzen Wasser speichernde Silica-Kristalle oder feines Tongranulat unters Substrat mischen.

Nachbarn in der Wohnung unter Ihnen nicht leiden können. Winkel kann man im Baumarkt kaufen, und in windigen Gegenden ist eine Kette als zusätzliche Sicherung sinnvoll.

## IN GARTENERDE PFLANZEN

Ja, ich weiß, ein langweiliges Thema. Kann man nicht einfach etwas in die Erde pflanzen und das Beste hoffen, denken Sie vielleicht. Man kann, wird aber vielleicht nur spärlich ernten. Ich weiß nicht, ob der Vorbesitzer Ihres Gartens ein ambitionierter alter Herr war, der 40 Jahre lang regelmäßig Stallmist untergegraben, Unkraut gejätet und Steine abgesammelt hat. Dann haben Sie einen perfekten Boden, auf dem aus Ihrer Saat ein ertragreicher Dschungel wachsen wird. Wahrscheinlicher ist aber, dass Ihr Garten ein Viereck mit vermoostem Rasen, schlappen Sträuchern, verdichtetem Boden, Massen von Unkraut und einem rostigen Fahrrad ist. (Warum nur findet man in fast jedem Garten ein verrostetes Fahrrad?)

Wie macht man daraus nun ein grünes Paradies mit Tomaten, Mais, Salat und Bohnen?

### Die Erde pflegen

Gartenveteranen und andere Alleswisser betonen beharrlich, dass Pflanzen wunderbar gedeihen, wenn man »sich nur gut um den Boden kümmert«. Stimmt tatsächlich. Wer die Bodenqualität verbessern will, muss sie zunächst einmal kennenlernen.

Versuchen Sie, etwas Gartenboden zwischen den Handflächen zu formen. Fühlt er sich grobkörnig an und hält nicht zusammen, dann ist er sandig. Lässt

---

### Mogeln erlaubt: Kühlende Einlage

Blumenkästen aus Metall sind leicht und modern, heizen sich im Sommer aber stark auf. Dadurch trocknet das Substrat aus, und es wird den Wurzeln zu warm. Isolieren Sie den Kasten (aber nicht am Boden!) mit dünnen Styroporplatten, z. B. von übrig gebliebenem Verpackungsmaterial.

sich ein Klumpen formen, aber keine dünne Rolle, ist es Schluff. Können Sie die Rolle zum Ring biegen, ist der Boden tonig. Und lässt er sich überhaupt nicht formen, ist es eine Terrassenplatte.

**Sandiger Boden:** Sandboden besteht aus großen Partikeln, durch die, wie am Strand, Wasser schnell abfließt. Er erwärmt sich im Frühling schnell und kann früher bepflanzt werden als andere Böden. Er lässt sich leicht umgraben (der Rücken wird es danken). Leider werden Nährstoffe schnell ausgeschwemmt, und Sie müssen organische Substanz einarbeiten, damit er bei Hitze nicht austrocknet. Generell ist er aber unkompliziert zu bearbeiten und zu pflegen.

**Schluffboden:** Schluff enthält mehr Nährstoffe als Sandboden, ist aber gut durchlässig für Wasser. Trocken ist der Boden glatt und sieht aus wie dunkler Sand. Er speichert Feuchtigkeit gut und lässt sich in feuchtem Zustand leicht bearbeiten. Gartensand und organische Substanz tun ihm trotzdem gut.

**Toniger Boden:** Sie Arme! Eine echte Herausforderung. Weil toniger Boden aber meist sehr fruchtbar ist, sollten Sie nicht verzagen. Um seinen schlechten Ruf zu verstehen, stellen Sie sich vor, mit einer Handschaufel einen Klumpen nassen Ton zu bearbeiten. Zwischen den winzigen Partikeln ist kaum Platz für Luft, darum ist er so schwer. Ist er nass, klebt er furchtbar, und ist er trocken, bildet er steinharte Klumpen. Andererseits enthält er von Natur aus viele Nährstoffe. Wenn Sie also die Dränage verbessern können, haben Sie gewonnen. Reichlich groben Gartensand oder organische Substanz (Kompost oder Stallmist) unterarbeiten.

**Kalkiger Boden:** Dieser Boden ist alkalisch, hellbraun und enthält viele Steine. Für den Gärtner sind kalkige Böden unerfreulich, aber es gibt Abhilfe. Sie trocknen schnell aus und behindern die Pflanzen bei der Aufnahme von Spurenelementen wie Eisen und Mangan, was zu kümmerlichem Wuchs und gelben Blättern führen kann. Jede Menge organische Substanz einarbeiten.

**Lehmiger Boden:** Die Crème de la Crème der Gartenböden! Die perfekte Mischung aus Sand, Schluff und Ton sorgt für gute Wasserdurchlässigkeit und ausgewogenen Nährstoffgehalt. Wenn ein Gartenboden über Jahre bearbeitet und mit verrottetem Stallmist und Kompost angereichert wurde, kann er diese Qualität erreichen. Dann sind Sie zu beneiden.

## Mogeln erlaubt: Hochbeetbausatz

Sie können sich gar nicht zur Bodenbearbeitung überwinden? Kein Problem. Wie wäre es mit einem Hochbeet? Das sind niedrige Holz- oder Kunststoffkästen ohne Boden, die man mit Kompost oder Mutterboden füllt – fast wie riesige Pflanzkübel. Weil dabei das Bodenniveau beträchtlich angehoben wird, kann der Gartenboden bleiben, wie er ist. Lockern Sie vor dem Aufstellen des Hochbeets nur die Erdoberfläche so weit auf, dass sie Wasser gut durchlässt. Hochbeete sind beliebt, weil sie schön ordentlich aussehen. Aufbauen und Füllen kosten etwas Zeit, doch dann sind die Beete fix und fertig. Allerdings haben sie einen unverkennbaren Nutzgartencharakter. Wer es natürlicher mag und lieber wie in einem Bauerngarten Blumen und Gemüse bunt mixen möchte, mag sie vermutlich nicht.

Die gute Nachricht ist, dass sich alle Böden verbessern lassen, indem man organische Substanz untergräbt. Damit ist verrotteter Stallmist oder Gartenkompost gemeint.

## Gartenkompost

*»Mein Leben lang habe ich auf eine Offenbarung gewartet, auf den Beweis, dass es einen Gott gibt, etwas Überirdisches, Mystisches, das unseren Platz im großen Ganzen bestimmt. So ging es mir mit meinem ersten Komposthaufen.«*
*Bette Midler*

Wie käme ich dazu, dem zu widersprechen? Wer braucht Yoga, Meditation oder die Verzückungen in einem Luxuskaufhaus, wenn wir Seelenfrieden in Gestalt schrumpeliger Möhren finden können? Wer hätte das gedacht? Seit ich begonnen habe, Kartoffelschalen, Kaffeesatz, welke Blumen und von Schnecken angefressene Salatblätter im Kompostsilo zu sammeln und ein Jahr später wunderbaren Kompost ernten kann, bin ich ein erklärter Kompostfan. Einfach im Garten verteilen, und alles wird gut. Kompostieren ist organisch und simpel – so befriedigend kann Recycling sein.

Warum soll ich mir so ein stinkendes Plastikding in den Garten stellen, wenn es eine Müllabfuhr gibt, mögen Sie denken. Also, erstens stinkt Kompost nicht, wenn man die Sache ab und zu mit einer Grabegabel auflockert. Und zweitens sehen meine beiden weißen Holzkomposter besser aus als mein Sofa – was mehr über mein Sofa als über die Komposter aussagt.

## Stallmist: Wie, Sie wissen nicht, wo man Pferdeäpfel findet?

Ich habe einmal ein Gartenseminar besucht, auf dem der Dozent durchschnittlich alle sechs Minuten das Wort »Mist« erwähnte, als hätte er ein gärtnerisches Tourette-Syndrom. »Verteilen Sie im Herbst Mist auf dem Boden«, sagte er. Oder: »Dabei können Sie gleich reichlich verrotteten Stallmist unterarbeiten.« Selbst

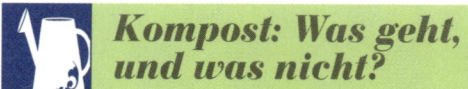

## Kompost: Was geht, und was nicht?

**ERLAUBT**
- Rohe Schalen und Abfälle von Obst und Gemüse
- Frische, grüne Gartenabfälle
- Rasenschnitt (aber nur in kleinen Mengen und mit handgroßen Pappestücken gemischt, sonst wird er schleimig)

**VERBOTEN**
- Gekochte Gemüseabfälle, Fleisch, Fisch und Eier Eierschalen (können Ratten anlocken, selbst wenn sie ausgewaschen sind)
- Dickere Zweige und Walnussschalen (sind erst verrottet, wenn Sie in Rente gehen)
- Blühendes Unkraut und mehrjähriges Unkraut wie Brennnesseln (überlebt die Kompostierung). Unkraut lieber wegwerfen oder eine Woche lang in einem Eimer Wasser einweichen, um es abzutöten, danach kann es kompostiert werden.

wenn ich gewusst hätte, was das eigentlich genau ist, hätte ich mich gefragt, woher ich ihn bekommen sollte. Immerhin wohnte ich in der Großstadt, wo es Kühe und Pferde etwa so oft gibt wie eine Straße ohne Starbucks. Und wie verrottet ist eigentlich »gut verrottet«?

Grundsätzlich stinkt gut verrotteter Mist nicht. Er besteht aus einer Mischung aus Pferde- oder Rinderdung mit Stroh, die mindestens ein Jahr, besser zwei oder drei, verrottet ist. Gräbt man Mist im Garten ein, verbessert er die Wasserdurchlässigkeit und liefert

## Graben für den Sieg

Dies ist ein Thema, das manche Gärtner sehr verbissen sehen. Ich will ja nicht verallgemeinern, aber meistens sind es Männer. Tagelang buddeln sie Löcher, die fast bis Australien reichen, und kehren dabei das Unterste nach oben. Manche besitzen auch einen Gartenschuppen, den sie fast so lieb haben wie ihre Frau. Wirklich, und dafür lege ich die Hand ins Feuer: Wenn Ihr Garten früher nicht gerade eine Weide war, auf der zehn Jahre lang Kühe herumgetrampelt ist, brauchen Sie das Umgraben nicht als Extremsport zu betreiben.

Wenn Sie gerade mal 40 Minuten Zeit haben, nehmen Sie sich ein überschaubares Stück vor, und sei es nur ein Quadratmeter. Werfen Sie die Erde mit der Grabegabel um, entfernen Sie dabei Unkraut und Steine und brechen Sie Klumpen auseinander. Wenn Ihr Boden tonig ist und Wasser schlecht abfließt, graben Sie etwas Gartenkies mit ein (ein paar Schaufeln pro Quadratmeter, in jedem Gartencenter erhältlich). Dann eine etwa 10 cm dicke Schicht Kompost oder Mist verteilen und mithilfe der Grabegabel unter die oberste Erdschicht mischen. Am besten erledigen Sie das im Herbst, damit sich der Boden vor der Pflanzung im Frühling etwas setzen kann. Es geht aber auch zu anderen Jahreszeiten.

## Unbekannte Materie

Bei meinen ersten Gartencenterbesuchen hatte ich den Eindruck, versehentlich beim Baustoffhändler gelandet zu sein. Was haben Sand und Kies mit bunten Blumen und süßen Himbeeren zu tun? Und was Perlit angeht: Wozu soll man den Inhalt des Sitzsackes ins Gemüsebeet streuen?

Jetzt bin ich älter und ein bisschen klüger. Ich weiß, dass man schwere, tonige Böden mit Sand und Kies lockern kann, sodass Wasser besser abfließt und die Wurzeln nicht faulen. Der Sand muss recht grob sein, damit er diesen Zweck erfüllt. Strandsand sollten Sie auf keinen Fall verwenden, denn er enthält viel Salz, das den Pflanzen schaden kann. Und gereinigter Spielsand für Kinder ist fürs Gemüsebeet zu teuer. Wenn Sie einen Garten mit schwerem, tonigem Boden haben, machen Sie sich auf den Weg ins nächste Gartencenter

wertvolle Nährstoffe: Stickstoff für gutes Wachstum, Kalium und Phosphor für die Wurzel- und Fruchtbildung. Unverrotteter Kompost »verbrennt« die Pflanzen und riecht, als hätte eine Herde Kühe Ihren Garten für gewisse Zwecke heimgesucht – was ja im Ergebnis auch der Fall ist.

Ehe Sie also die berittene Polizei mit einer Schubkarre verfolgen, sollten Sie wissen, dass man verrotteten Stallmist in handlichen, sauberen Plastiksäcken im Gartencenter kaufen oder sich bequem per Versandhandel nach Hause schicken lassen kann. Es sollte aber ein seriöses Unternehmen sein. An der Tür einer Freundin klingelte einmal ein freundlicher Herr, der verrotteten Stallmist zum Verkauf anbot. Wie schön, dachte sie und zückte das Portemonnaie. Zehn Minuten später wurde ein riesiger Haufen dampfender, stinkender, frischer Mist in ihren Garten gekippt. Sie verteilte ihn auf den Beeten, und alle Pflanzen wurden gelb und gingen ein.

und kaufen Sie einen oder zwei Säcke Gartensand oder -kies.

Perlit sieht aus wie kleine Styroporkugeln, besteht aber aus Vulkangestein. Er erfüllt den gleichen Zweck wie Sand und wird für Kübelpflanzen verwendet. Mischen Sie eine Handvoll unter das Substrat für Pflanzen, die keine Staunässe vertragen (z.B. Mittelmeerkräuter) oder die jahrelang in ihrem Kübel bleiben sollen (z.B. Obstbäume).

## Bodenpflege in aller Kürze

**1** Stellen Sie fest, welchen Bodentyp Sie haben *(siehe S. 14 f.)*.
**2** Einen Spatenstich tief umgraben, dabei Unkraut und Steine entfernen und Klumpen zerkleinern. Der Boden soll feinkrümelig aussehen.
**3** Ton- und Schluffboden mit grobem Sand lockern.
**4** Mindestens 10 cm dick verrotteten Stallmist oder Kompost verteilen und locker untergraben.
**5** Das war's schon. Überlegen Sie gemütlich bei einer Tasse Kaffee, was Sie gern pflanzen möchten.

# Frühling

Der Frühling ist da. Ziehen Sie Sandalen an, setzen Sie die Sonnenbrille auf. Oder nein, lassen Sie es lieber. Auch wenn die Sonne schon höher steht und sich die ersten Blätter zeigen, kommt der Frühling oft nur langsam in Schwung. Früher sprang ich aufgeregt im T-Shirt durch den Garten, sobald ich das erste neue Blatt entdeckte, säte Möhren, Rote Bete und Salat und tat so, als würde ich gar nicht frieren. Kein Wunder, dass alle Samen faulten oder einfach nicht aufliefen. Besser – und ehrlich gesagt weniger aufwendig – ist es, nett im Warmen ein paar Pflanzen auf einer sonnigen Fensterbank auszusäen und sie auszupflanzen, wenn man draußen keine klammen Finger mehr bekommt.

Als Erstes kann man Rote Bete, Salat und Mangold in kleinen Plastiktöpfen oder Anzuchtkästen im Haus vorziehen. Auch Kartoffeln können Sie schon vorkeimen *(siehe S. 37)*. Im mittleren Frühling werden Kartoffeln gepflanzt und Tomaten, Zucchini, Gurken, Mais, Basilikum, Grüne Bohnen und Erbsen im Haus gesät. Möhren, Rucola und Radieschen säen Sie im Freiland. Säen Sie bloß nicht alle Samen auf einmal, sonst wird Ihr Bad zum Dschungel und Sie treten ständig auf Grünzeug, wenn Sie in die Wanne wollen. Ein paar Töpfe sind mehr als genug, denn wer soll den ganzen Mangold nachher essen? Wer Säen zu anstrengend findet, kann auch im Spätfrühling Jungpflanzen im Gartencenter kaufen oder online bestellen *(siehe S. 140)*.

Gegen Frühlingsende geht es im Garten rund. Vielleicht können Sie schon die ersten jungen Dicken Bohnen in einem lauwarmen Salat mit kleinen Frühkartoffeln, jungen, gerösteten Roten Beten und Feta probieren. Junge Grünkohlblätter können geerntet werden, scharfe Radieschen, feuerroter Radicchio, Frühlingszwiebeln, Schnittsalat, pikanter Rucola, Mangold, knackiger Portulak und Feldsalat. An sonnigen Tagen kann man die Pflanzen beinahe wachsen hören.

**Wenn Sie nur für drei Dinge Zeit haben ...**

pflanzen Sie Kartoffeln, säen Sie Rucola und Salat

Frühkartoffeln

Rucola (Rauke)

Salat

# Rucola (Rauke)

## Rucola säen

**Wann?** Mitte Frühling bis Ende Sommer

### In Töpfen

**SIE BRAUCHEN**

 Einen mittelgroßen Kübel mit Dränagelöchern, Universalsubstrat, Rucolasamen, 20 Minuten

**Wie?** Eine Schicht Tonscherben auf den Kübelboden legen, dann bis fast zum Rand Substrat einfüllen. Samen sparsam verteilen und dünn mit Erde bedecken. Begießen. An einen sonnigen oder halbschattigen Platz stellen.

### Im Beet

**SIE BRAUCHEN**

Bleistift oder Stäbchen, Rucolasamen, 10 Minuten

**Wie?** Einen sonnigen oder halbschattigen Platz mit lockerem Boden suchen. Mit dem Stift oder Stäbchen eine flache Rille ziehen, einige Samen ausstreuen, mit etwas Erde bedecken und gießen.

**Und dann?** Feucht halten. Wenn die Pflanzen ca. 10 cm hoch sind, die Blätter mit der Schere knapp oberhalb des kleinsten neuen Blatts abschneiden. Die Pflanzen treiben noch zwei- oder dreimal aus, dann müssen Sie neue säen.

**Was kann schiefgehen?** Erdflöhe sind die einzigen ernst zu nehmenden Schädlinge, die an Rucola auftreten *(siehe S. 136).*

Kaum zu glauben: Früher aßen wir Salate ohne diese pikanten Blätter. Heutzutage stecken sie in vielen abgepackten Salatmischungen aus dem Supermarkt, man findet sie als Garnierung im Restaurant und sogar auf der Pizza. Wir sind süchtig nach Rucola. Zum Glück ist sie einfach zu ziehen.

Gesät wird im Freien vom mittleren Frühling an direkt in den Topf oder das Beet, wo sie groß werden soll. Sie wächst schnell und braucht keine besondere Pflege. Neben der Salatrauke mit rundlichen Blättern und mildem Geschmack gibt es die pfeffrige Salatrauke mit schmaleren, gezackten Blättern. Ich säe beide, aber immer nur wenige Samenkörner. Sobald die Blätter unangenehm nach scharfem Senf schmecken, sollte man die Pflanzen aus dem Boden ziehen und neue säen.

# Radieschen

Radieschen sind die Sprinter im Gemüsegarten. Sie werden oft unterschätzt. Ich habe sie immer mit der pädagogischen Kinderecke im Gemüsegarten assoziiert. »Schau mal, Leon, was du da Feines gesät hast!« Dabei sind Radieschen sehr lecker im Salat und auf dem Brot oder einfach so. Obendrein kann man sie schon früh ernten. Längliche Sorten lassen sich gut in Scheiben schneiden, einige haben auch eine hübsche weiße Spitze. Wer es bunt mag, kauft eine Mischung verschiedenfarbiger Sorten und peppt Salate mit Radieschen in Rot, Weiß, Gelb und Violett auf.

## Radieschen säen

**Wann?** Ab Mitte Frühling

### In Töpfen

**SIE BRAUCHEN**

 Einen Kübel mit Dränagelöchern, Universalsubstrat, Radieschensamen, 20 Minuten

**Wie?** Eine Schicht Tonscherben auf den Kübelboden legen. Bis knapp unter den Rand mit Substrat füllen. Die Samen in Abständen von ca. 3 cm darauf verteilen. Mit 1 cm Substrat bedecken. Begießen. An einen sonnigen oder halbschattigen Platz stellen.

### Im Beet

**SIE BRAUCHEN**

 Bleistift oder Stäbchen, Radieschensamen, 10 Minuten

**Wie?** Einen sonnigen oder halbschattigen Platz mit gutem Boden suchen. Mit dem Bleistift oder Stäbchen eine flache Rille ziehen. Radieschensamen in Abständen von etwa 3 cm auslegen, mit Erde bedecken und gründlich gießen.

**Und dann?** Feucht halten. Nach etwa drei Wochen nachschauen, wie groß die Radieschen sind. Herausziehen, wenn sie Ihnen gefallen. Alle paar Wochen säen, damit die Versorgung den Sommer über gesichert ist.

# Frühlingszwiebeln

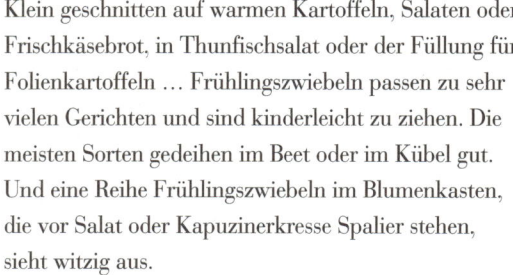

Klein geschnitten auf warmen Kartoffeln, Salaten oder Frischkäsebrot, in Thunfischsalat oder der Füllung für Folienkartoffeln … Frühlingszwiebeln passen zu sehr vielen Gerichten und sind kinderleicht zu ziehen. Die meisten Sorten gedeihen im Beet oder im Kübel gut. Und eine Reihe Frühlingszwiebeln im Blumenkasten, die vor Salat oder Kapuzinerkresse Spalier stehen, sieht witzig aus.

## *Frühlingszwiebeln säen*

**Wann?** Mitte Frühling bis Hochsommer

### In Töpfen

**SIE BRAUCHEN**

 Einen mittelgroßen Kübel mit Dränagelöchern, Universalsubstrat, Zwiebelsamen, 20 Minuten

**Wie?** Eine Schicht Tonscherben auf den Kübelboden legen. Bis knapp unter den Rand mit Substrat füllen. Die Samen sparsam auf die Oberfläche streuen und dünn mit Substrat bedecken. Gießen. An einen sonnigen oder halbschattigen Platz stellen.

### Im Beet

**SIE BRAUCHEN**

 Bleistift oder Stäbchen, Zwiebelsamen, 10 Minuten

**Wie?** Einen sonnigen oder halbschattigen Platz mit gut aufbereitetem Boden suchen. Mit Bleistift oder Stäbchen eine flache Rille ziehen. Zwiebelsamen dünn in die Rille streuen, mit Erde bedecken und gründlich gießen.

**Und dann?** Feucht halten. Ab und zu die Größe der Zwiebeln kontrollieren und ernten, wenn sie Ihnen zusagt.

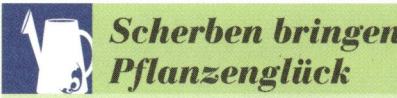

## *Scherben bringen Pflanzenglück*

Bei jeder Anleitung zum Bepflanzen von Kübeln und Kästen ist von Tonscherben die Rede. Was um alles in der Welt ist das, und sind die wirklich wichtig? Die Scherben (z. B. von alten Tonblumentöpfen) verhindern, dass die Löcher im Topfboden mit Erde verstopfen. Denn wenn überschüssiges Wasser nicht ablaufen kann, faulen die Wurzeln. Also haben die Scherben schon ihren Nutzen. Aber wer will schon gute Blumentöpfe zertrümmern? In der guten alten Zeit gingen in großen Gärten öfter Blumentöpfe zu Bruch, der Nachschub an Scherben war also gesichert. Heute sieht das anders aus. Zum Glück kann man auch Stücke von zerschnittenen Plastiktöpfen verwenden, gemischt mit grobem Kies aus dem Garten, Kieseln oder kleinen Steinchen. Sogar zerbröseltes Styropor ist geeignet. Es ist leicht, man kann es mehrmals benutzen und man wird endlich das alte Verpackungsmaterial los.

## Grünkohlsuppe mit Chorizo

Früh im Jahr, wenn kaum etwas wächst, wird Grünkohl *(siehe S. 65)* zum Star im Garten. Ihn scheint düsteres Wetter nicht zu stören, und er schmeckt obendrein, als ob er nur Gutes enthält. Damit er nicht allzu gesund schmeckt, kochen Sie in dieser einfachen, würzigen Suppe deftige Chorizo mit.

**FÜR 4 PERSONEN**
*2 EL Olivenöl*
*1 große Zwiebel, gewürfelt*
*3 Knoblauchzehen, zerdrückt*
*250 g Chorizo, in Scheiben geschnitten*
*1 Liter Hühner- oder Gemüsebrühe*
*Meersalz und schwarzer Pfeffer aus der Mühle*
*3 große Kartoffeln, geschält und gewürfelt*
*200 g Grünkohl*

Das Öl in einem großen Topf erhitzen. Zwiebel, Knoblauch und Chorizo einige Minuten dünsten, bis die Zwiebel glasig wird. Die Brühe zugießen, würzen und zum Kochen bringen. Die Kartoffelwürfel zufügen und 10 Minuten leicht kochen. Inzwischen den Grünkohl waschen und fein hacken. Zur Suppe geben und noch 5 Minuten kochen. Mit warmem, knusprigem Brot servieren.

# Salat

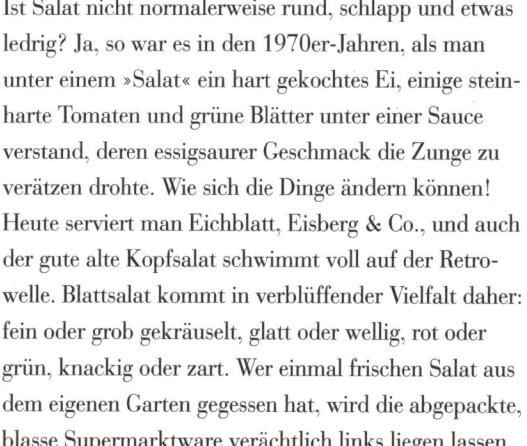

Ist Salat nicht normalerweise rund, schlapp und etwas ledrig? Ja, so war es in den 1970er-Jahren, als man unter einem »Salat« ein hart gekochtes Ei, einige steinharte Tomaten und grüne Blätter unter einer Sauce verstand, deren essigsaurer Geschmack die Zunge zu verätzen drohte. Wie sich die Dinge ändern können! Heute serviert man Eichblatt, Eisberg & Co., und auch der gute alte Kopfsalat schwimmt voll auf der Retrowelle. Blattsalat kommt in verblüffender Vielfalt daher: fein oder grob gekräuselt, glatt oder wellig, rot oder grün, knackig oder zart. Wer einmal frischen Salat aus dem eigenen Garten gegessen hat, wird die abgepackte, blasse Supermarktware verächtlich links liegen lassen.

Säen Sie regelmäßig nur einige Samen, damit Sie rund ums Jahr frischen Salat ernten können. Salat kommt mit wenig Platz aus. Für fünf rote oder grüne Eichblattsalate genügt ein Blumenkasten, und in einer Ampel sind sie für Schnecken unerreichbar. Pflücksalat wächst sogar in Töpfen auf dem Balkon. Sie könnten auch eine alte Weinkiste bepflanzen *(siehe S. 10)* – Salat macht sich bestens über dem Schriftzug von Châteauneuf-du-Pape. Oder Sie pflanzen roten und grünen Salat im Schachbrettmuster ins Beet, eingerahmt von friseeähnlichem Mizuna oder Rucola.

Sie können die Pflanzen ausreifen lassen und als ganze Köpfe ernten. Sät man in engeren Abständen, kann man die kleinen Blätter mit der Schere ernten. Die Pflanzen treiben noch zwei- oder dreimal aus.

Meine Lieblingssorten sind roter und grüner Eichblattsalat, als Kopf und auch als Schnittsalat, außerdem gekräuselter 'Lollo Rosso' und 'Lollo Bionda' sowie der längliche 'Cocarde'. 'Little Gem' und 'Tom Thumb' sind für Töpfe besonders gut geeignet. Ihre knackigen Blätter schmecken prima im Salat und auf belegten Broten. Wer sich nicht für eine Sorte entscheiden kann, kauft am besten eine Mischung und zieht sie als Schnittsalat.

### Mogeln erlaubt: Salat schleudern

Gönnen Sie sich unbedingt eine Salatschleuder. Wer sein Leben lang nur küchenfertigen Salat aus der Tüte zubereitet hat, kann leicht vergessen, ihn vor der Zubereitung zu waschen. Und niemand mag triefnassen Salat. In einer Salatschleuder werden die knackigen Blätter buchstäblich im Handumdrehen trocken.

## Schnittsalat säen

Diese Methode eignet sich für Kübel, Kästen und Ampeln hervorragend. Einfach die Blätter schneiden und warten, bis neue wachsen. Samenmischungen mit Blättern in verschiedenen Farben und Formen kann man in praktischen Tütchen kaufen.

**Wann?** Mitte Frühling bis Frühherbst

### In Töpfen

 Einen mittelgroßen Kübel mit Dränagelöchern, Universalsubstrat, Salatsamen, 20 Minuten

**Wie?** Eine Schicht Tonscherben auf den Kübelboden legen. Bis knapp unter den Rand mit Substrat füllen. Samen sparsam auf die Oberfläche streuen und dünn mit Substrat bedecken. Gießen. An einen sonnigen oder halbschattigen Platz stellen.

### Im Beet

 Bleistift oder Stäbchen, Salatsamen, 10 Minuten

**Wie?** Einen sonnigen oder halbschattigen Platz mit gutem Boden suchen. Mit Bleistift oder Stäbchen eine flache Rille ziehen. Samen sparsam in die Rille streuen, dünn mit Erde bedecken. Alternativ einige Samen immer dort auslegen, wo sich eine Lücke im Beet ergibt, und mit einer Handvoll Universalsubstrat bedecken. Sorgfältig gießen.

**Und dann?** Feucht halten. Wenn die Pflanzen 10 cm groß sind, die Blätter mit der Schere über dem kleinsten neuen Blatt abschneiden. Die Pflanzen treiben noch zwei- bis dreimal aus. Dann müssen neue gesät werden.

## Kopfsalat säen

Kleine Blätter sind schön und gut, aber manchmal braucht man einen Salatkopf mit knackigem Herz. Lässt man Salatpflanzen groß werden, kann man sie als ganzen Kopf ernten oder nur die äußeren Blätter abschneiden. Wer den ganzen Sommer lang fortlaufend ernten möchte, muss nachsäen, wenn die ersten Sämlinge vier Blätter haben.

 Anzuchtkasten mit Einzelzellen, Universalsubstrat, Salatsamen, 30 Minuten

**Wo?** In einem Anzuchtkasten mit kleinen, separaten Abteilen (aus dem Gartencenter). Im Frühling den Kasten auf eine sonnige Fensterbank stellen, ab Frühsommer ins Freie.

**Wie?** Die Zellen bis knapp unter den Rand mit Anzuchtsubstrat füllen. Den Kasten leicht auf dem Tisch aufstoßen, damit sich das Substrat setzt. In eine Wanne mit Wasser (oder in die Spüle) stellen, bis die Substratoberfläche feucht ist. Alternativ mit der Kanne begießen und einen Moment abtropfen lassen. In jede Zelle zwei Salatsamen legen und ganz dünn mit Erde bedecken.

**Und dann?** Sobald die Pflänzchen gut zu greifen sind, das jeweils schwächere auszupfen. Wenn die übrigen Pflanzen fünf Blätter haben, werden sie in Kübel ausgepflanzt oder mit 30 cm Abstand ins Beet gesetzt. Ernten, bevor sie schießen (= lang und staksig aufrecht wachsen, als ob sie gleich abheben wollten), denn dann werden sie bitter.

**Was kann schiefgehen?** Schnecken *(siehe S. 36)*, falscher Mehltau und Grauschimmel können auftreten *(siehe S. 136 und 138)*.

# Projekt fürs Wochen-ende: Salatkiste

Wenn es Ihnen in den Fingern kribbelt, säen Sie diese schnell wachsenden Sorten ab Frühlingsmitte in einen Blumenkasten, um möglichst früh zu ernten. Den Kasten außen an einem sonnigen, geschützten Fenster anbringen und zeitig in der Saison frischen Salat genießen.

*SIE BRAUCHEN*
*1 Blumenkasten mit Dränagelöchern*
*Universalsubstrat*
*1 Paket Radieschensamen*
*1 Paket Rucolasamen*
*1 Paket Pflücksalatmischung*
*30 Minuten*

Eine Schicht Tonscherben auf den Kastenboden legen. Den Kasten bis knapp unter den Rand mit Substrat füllen. Die Fläche grob in Drittel einteilen und auf jedes eine Sorte Samen streuen. Dünn mit Substrat bedecken, gründlich gießen und an einem sonnigen, geschützten Fenster anbringen. Feucht halten. Wenn die Sämlinge auflaufen, die Radieschen auf Abstände von 3 cm ausdünnen. Zum Ernten Rucola und Salat über dem kleinsten neuen Blatt schneiden. Die Radieschen herausziehen, wenn sie groß genug zum Essen sind.

# Kräuter

Viele Kräuter stammen aus heißen, trockenen Ländern – ideal für vergessliche Gärtner, weil sie Vernachlässigung nicht übel nehmen. Wahrscheinlich bemerken sie es nicht einmal, wenn man sie nicht gießt.

Ich habe gern Kräuter im Garten, weil ich mich dadurch wie eine versierte Köchin fühle. Man braucht nicht zum Supermarkt zu laufen, wenn in einem Rezept von einem Bund Petersilie oder einem Stängel Thymian die Rede ist, von dem man eh nur die Hälfte braucht. Vielleicht passiert das ja nur mir: Früher kaufte ich öfter im Supermarkt kleine Töpfe mit Kräutern, aber sie gingen nach kurzer Zeit ein. Jetzt säe ich sie oder kaufe Pflanzen in der Gärtnerei. Rosmarin, Minze, Thymian, Salbei und viele andere Kräuter muss man nur einmal pflanzen, weil sie mehrjährig sind.

Kräuter sehen attraktiv aus und duften wunderbar. Eine Reihe verwitterter Tontöpfe mit Rosmarin, Basilikum und Thymian ist einfach elegant. Stellen Sie sie neben die Hintertür, dann bekommen Sie beim Ernten nicht einmal nasse Füße.

Die folgenden Kräuter sehen gut aus, schmecken toll und brauchen nur wenig Platz:

## Basilikum

Basilikum kann direkt in Kübel und Kästen gesät werden. Um die Frühlingsmitte die Samen sparsam verteilen und dünn mit Substrat bedecken. Im Haus auf eine sonnige Fensterbank stellen. Alternativ im Frühling oder Sommer gesunde Pflanzen kaufen. Die Sämlinge feucht halten, aber möglichst nicht abends gießen, weil Basilikum nicht mit nassen Füßen schlafen mag. Wenn kein Nachtfrost mehr droht, die Töpfe draußen an einen sonnigen, geschützten Platz stellen.
Wenn die Pflanzen größer werden, die Spitzen ausknipsen (und essen), damit der Wuchs buschig wird. Blüten entfernen, sobald sie erscheinen. Genoveser Basilikum ist ideal für Salate mit Tomaten und Mozzarella und für Pesto *(siehe S. 78)*. Violettes Basilikum sieht besonders hübsch aus. Für die asiatische Küche

säen Sie Thai-Basilikum *(siehe S. 87)*. Wenn Sie die Pflanzen im Spätsommer ins Haus holen, können Sie noch etwa einen Monat lang ernten.

## Minze

Ein unverzichtbares Kraut, aber auch ein Beetbesetzer. Eine gängige Empfehlung lautet, es in Kübel zu pflanzen, die in die Erde eingesenkt werden. Noch günstiger ist ein großes Gefäß, das auch in einer recht düsteren Ecke stehen kann, denn Minze verträgt Schatten gut. Im Herbst sterben die oberirdischen Teile ab, aber im Frühling treibt sie wieder aus.
**Welche Sorte wofür?** Für englische Pfefferminzsauce verwendet man Grüne Minze *(Mentha spicata)*, marokkanische Minze oder Apfelminze. Für Tee eignet sich asiatische oder marokkanische Minze *(siehe S. 33)*, und Mojito *(siehe S. 130)* schmeckt ebenfalls am besten mit Grüner Minze. Wer es ausgefallen mag, kann Zitronenminze, Orangenminze, Ananasminze oder Schokoladenminze probieren, die wie dünne Schoko-Minz-Täfelchen schmeckt. Ein paar Blättchen zu frisch gepflückten Erdbeeren – fantastisch!

## Koriander

Koriander kann vom zeitigen Frühling an in Töpfen auf einer sonnigen Fensterbank im Haus gezogen werden. Von Frühlingsmitte bis Hochsommer säen Sie ihn an einen sonnigen oder halbschattigen Platz im Freien.

Die Samen sparsam auf Universalsubstrat streuen und sehr dünn bedecken. Wenn Sie lieber im Frühling oder Sommer Jungpflanzen kaufen, wählen Sie eine blattreiche Sorte und keine, die zur Samenernte kultiviert wird. Nach dem Schnitt treibt Koriander nicht wieder aus, darum müssen Sie häufiger kleine Mengen säen, um permanent gut versorgt zu sein.

## Petersilie

Petersilie zickt bei der Keimung oft, darum ist es einfacher, im Frühling oder Sommer Jungpflanzen zu kaufen. Glatte und krause Sorten gedeihen an einem sonnigen oder halbschattigen Platz mit feuchtem Boden. Petersilie fühlt sich auch in Kübeln und Kästen wohl. Krause Sorten sind als Beeteinfassung hübsch und obendrein erstaunlich frostverträglich.

## Schnittlauch

Kaufen Sie Jungpflanzen oder säen Sie ab Spätfrühling in Gefäße oder in ein Beet in sonniger oder halbschattiger Lage. Zum Ernten die Halme 3 cm über dem Boden abschneiden. Die pomponförmigen Blüten in kräftigem Rosa sind eine schöne, essbare Salatgarnierung. Schnittlauch ist mehrjährig, zieht aber im Winter das Laub ein. Im Herbst ein Stück ausgraben, in einen Topf pflanzen und im Haus auf eine sonnige Fensterbank stellen, dann können Sie auch im Winter frischen Schnittlauch ernten *(siehe S. 107)*.

## Rosmarin

Am besten im Frühling eine Pflanze kaufen und an einen sonnigen Platz mit durchlässigem Boden pflanzen. Rosmarin verträgt keine Staunässe. Toniger Boden muss darum mit Kies, Sand oder Splitt gelockert werden. Die Blätter nach Bedarf ernten. Sehr lecker zu kleinen Ofenkartoffeln mit Knoblauch, zu Schweinefilet und unverzichtbar zu Lamm.

## Thymian

Thymian ist eigentlich unkompliziert, keimt aber unzuverlässig. Darum ist es einfacher, eine Jungpflanze zu kaufen. Oder mehrere, denn es gibt neben dem gewöhnlichen Thymian *(Thymus vulgaris)* Sorten mit

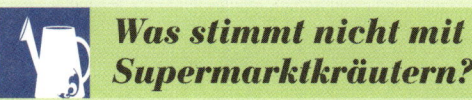

### Was stimmt nicht mit Supermarktkräutern?

Wir alle haben schon kleine Töpfe mit Petersilie, Basilikum oder Koriander im Supermarkt gekauft, auf die Küchenfensterbank gestellt und quasi zugesehen, wie sie eingingen. Das liegt daran, dass die Pflanzen viel zu dicht gesät und im Gewächshaus angetrieben wurden. Und wie überleben sie zu Hause? Erstens: kräftig zurückschneiden, damit sie neu austreiben. Zweitens: die Pflanzen teilen und in etwa fünf separate Töpfe pflanzen. Ich finde, das klingt ziemlich mühsam. Vor allem, weil es so einfach ist, die Kräuter aus Samen selbst zu ziehen oder gesunde Jungpflanzen in der Gärtnerei zu kaufen.

feinem Zitronenduft oder hell gemusterten Blättern. Thymian verträgt keine Staunässe. Er braucht einen sonnigen Platz mit durchlässigem Boden, eine Einzelpflanze kann auch im Kübel mit einer »Mulchschicht« aus Kieseln stehen. Die Blätter nach Bedarf ernten und zu Brühe, Suppen, Marinaden und Schmorgerichten geben. Nach der Blüte in Form schneiden, damit die Pflanze nicht staksig wird.

## Salbei

Salbei ist pflegeleicht und sieht, weil er immergrün ist, rund ums Jahr gut aus. Für ein supereinfaches Essen die Blätter in Butter braten und mit Parmesan über Nudeln geben. Im Frühling Jungpflanzen kaufen und in einen Kübel oder an einen sonnigen Platz mit durchlässigem Boden pflanzen. Breitet sich schnell aus und lebt mehrere Jahre lang. Rotblättrige Sorten sehen hübsch aus, sind aber empfindlicher als die grünen.

## Lorbeer

Ein Lorbeerbäumchen in einem schönen Terrakottakübel ist eine Augenweide. Lorbeer ist immergrün und macht auch im Winter etwas her. Weil man immer nur ein oder zwei Blätter braucht, sieht die Pflanze nie

gerupft aus. Sie können die Pflanzen buschig wachsen lassen oder zu einem Hochstämmchen erziehen.

### Zitronenverbene

Der Geruch dieser Pflanze ist mein erklärter Lieblingsduft. Auch Tee daraus ist super. Im Frühling eine Pflanze kaufen, in einen Kübel pflanzen und an einen geschützten Sonnenplatz stellen. Einfach fünf oder sechs Blätter abzupfen und in einem Becher mit kochendem Wasser übergießen – Franzosen trinken das gern nach dem Essen *(siehe S. 33)*. Nach der Blüte die Triebe bis an eine Wachstumsknospe zurückschneiden, damit die Pflanze nicht staksig wird. Über Winter hell und frostfrei stellen und nur ganz wenig gießen.

### Oregano

Oregano und Majoran kann ich persönlich geschmacklich nicht unterscheiden. Das klassische Gewürz der Mittelmeerküche passt gut zu Tomatensauce, gebratenem Fleisch und Pizza. Am besten kaufen Sie eine Jungpflanze und setzen sie in einem Kübel oder in ein sonniges Beet in durchlässige Erde. Die grünen Sorten sehen schon gut aus, aber es gibt auch hübsche Sorten mit goldgelben oder weiß gescheckten Blättern. Im Herbst zurückschneiden, damit die Pflanzen ordentlich aussehen. Im Winter sterben die oberirdischen Teile

## Maximale Minze

Wenn die Minze im Hochsommer etwas zerrupft aussieht, schneiden Sie sie auf die Hälfte zurück, jeweils über einer Wachstumsknospe. Dann bildet sie zum Herbst neue, zarte Blätter. Wer auch im Winter ernten will, gräbt im Herbst ein Stück des Wurzelballens aus und setzt es in einen Topf mit frischem Substrat. Auf eine sonnige Fensterbank stellen *(siehe S. 107)* und für einen Tee gegen den Kater am Neujahrsmorgen verwenden.

meist ab, aber in milden Gegenden kann man auch in der kalten Jahreszeit manchmal noch ernten.

### Sauerampfer

Das Salatkraut mit der säuerlichen Note schmeckt erfrischend in Salaten und wird auch für eine köstliche Frühlingssuppe benötigt. Die mehrjährige Pflanze braucht kaum Pflege und treibt schon früh im Jahr zarte Blätter. Sie verträgt auch einen Schattenplatz. Vom zeitigen Frühling bis zum frühen Herbst aussäen oder ab Frühlingsmitte Jungpflanzen kaufen. Krausblättriger Ampfer eignet sich am besten für Salate, glattblättriger für Suppen. Wer es bunter mag, nimmt eine Sorte mit roten Blattadern.

## MIT ANISGESCHMACK

### Estragon

Köstlich in Mayonnaise zu Geflügelsalat. Das milde Kraut hat attraktive, schmale Blätter. Es verträgt Frost schlecht und sollte im Herbst ins Haus geholt werden. Beim Kauf der Jungpflanzen möglichst französischen Estragon wählen; russischer Estragon schmeckt erheblich strenger.

### Fenchel

Fenchel erregt mit den fein gefiederten Blättern und der stattlichen Höhe Aufsehen im Garten. Gewürzfenchel *(Foeniculum vulgare)* ist unkompliziert und wird fast 2 m hoch – ideal für die Beetmitte. Die bronzefarbenen Sorten sind der Traum jedes Gartendesigners. Näheres zum Gemüsefenchel mit seinen fleischigen Knollen finden Sie auf *S. 88*.

### Kerbel

Die gefiederten Blätter schmecken gut zu jungen Dicken Bohnen. Jungpflanzen kaufen oder ab Spätfrühling in Töpfe oder Beete säen. Kerbel verträgt gut Kälte. Sät man ihn im Frühherbst, kann man bis weit in den Winter hinein ernten *(siehe S. 102)*. Siehe auch »Kräuterbutter«, *S. 92*, und »Kräuter einfrieren«, *S. 97*.

# Projekt fürs Wochenende: Dreierlei Tee

Ich koche gern Tee aus Gartenkräutern. Einfacher geht es wirklich nicht: ein paar Blätter pflücken, in einen Becher geben und mit kochendem Wasser übergießen. Der Tee schmeckt so wunderbar gesund, dass man sich glatt fit genug fühlt, eine Stunde in der Yogastellung »Hund« zu verweilen.

**SIE BRAUCHEN**
**3 Pflanztöpfe (mindestens 20 cm Ø) mit Dränagelöchern**
**Universalsubstrat**
**1 Jungpflanze Römische Kamille (Chamaemelum nobile)**
**1 Jungpflanze Zitronenverbene**
**1 Jungpflanze Minze. Für Tee eignen sich alle Sorten, aber besonders gut schmecken Grüne Minze, marokkanische Minze, asiatische Minze und Pfefferminze.**
**45 Minuten**

Eine Schicht Tonscherben in jeden Kübel geben, dann bis knapp unter den Rand Universalsubstrat einfüllen. Eine Vertiefung in die Mitte drücken und in jeden Topf eine Jungpflanze setzen. Substrat auffüllen, andrücken und gießen. An einen sonnigen Platz stellen. Kamillentee soll bei Erkältung helfen. Weil er auch beruhigt, trinken Sie ihn am besten abends. Drei oder vier frische Kamillenblüten in den Becher geben, mit kochendem Wasser auffüllen und fünf Minuten ziehen lassen. Minze regt die Verdauung an – perfekt nach einem üppigen Essen oder einem langen Abend. Vier oder fünf Blätter in einem Becher mit kochendem Wasser übergießen. Und nach einem Essen im Freien an einem warmen Sommerabend schmeckt nichts besser als Zitronenverbenentee *(siehe S. 32)*. Er regt die Verdauung an, wirkt leicht beruhigend und duftet herrlich frisch nach Zitrone.

# Tomaten

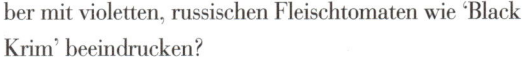

Könnte ich in meinem Garten nur eine Gemüseart pflanzen, wären es Tomaten. Es heißt immer, dass Gemüse aus dem eigenen Garten besser schmeckt, und auf Tomaten trifft das immer zu. Rispentomaten aus dem Laden mögen ja um Längen besser sein als die knallroten, harten Pingpongbälle meiner Kinderzeit, doch mit selbst geernteten, sonnenreifen Tomaten können sie nicht mithalten. Die eigene Ernte duftet herrlich, sieht toll aus und schmeckt unvergleichlich.

Cocktailtomaten sind meine Lieblinge, weil sie draußen am besten gedeihen. Manche verlässlichen Sorten haben mich noch nie enttäuscht. Vor allem die goldfarbene 'Sungold' überlebt selten den Weg bis zur Küche. Ein Salat aus roten Kirschtomaten und gelber 'Sungold' sieht hinreißend aus. Vielleicht mögen Sie auch Mini-Romatomaten oder die rot-gelb gestreifte 'Tigrella'. Oder wollen Sie anspruchsvolle Freunde lie-

ber mit violetten, russischen Fleischtomaten wie 'Black Krim' beeindrucken?

Rispentomaten wachsen aufrecht und können an Zäunen oder zeltgerüstartig zusammengebundenen Stangen festgebunden werden. Die Früchte hängen an bogenförmig abstehenden Rispen. Strauchtomaten hängen buschig über die Ränder von Kübeln, Kästen oder Ampeln.

Von Spätfrühling bis Sommer kann man im Gartencenter junge Tomatenpflanzen kaufen. Wer ungewöhnliche Sorten ernten will oder Spaß am Aussäen hat, stellt Töpfe mit Samen im mittleren Frühling auf eine sonnige Fensterbank.

## Tomaten aussäen

**Wann?** Mittleres Frühjahr
**Wo?** Sonnige Fensterbank im Haus

Mehrere kleine Töpfe (am besten max. 7 cm Ø), Universalsubstrat, Tomatensamen, 20 Minuten

**Wie?** Die Töpfe zu drei Vierteln mit Substrat füllen und 2,5 cm hoch in Wasser stellen (z.B. in der Spüle), bis die Substratoberfläche feucht ist. Aus dem Wasser nehmen und einige Minuten abtropfen lassen. In jeden Topf zwei Samen legen und mit einer dünnen Schicht Substrat abdecken.

**Und dann?** In den nächsten Tagen das Substrat nicht austrocknen lassen. Nach etwa einer Woche zeigen sich die Sämlinge. Weiterhin feucht (aber nicht nass) halten und die Töpfe regelmäßig drehen, damit die Pflanzen nicht schief zum Licht wachsen. Wenn die Sämlinge 3 cm hoch sind, aus jedem Topf den schwächeren auszupfen. Näheres zum Auspflanzen lesen Sie auf S. 80.

### Staksige Tomaten

Sehen Ihre Tomatensämlinge dürr und langbeinig aus? Kein Problem. Einfach umtopfen, und zwar so tief, dass die Keimblätter (die beiden untersten Blätter) auf dem Substrat aufliegen. Aus dem Stielstück, das im Substrat begraben ist, wachsen bald neue Wurzeln.

# NUTZGARTENFEIND NR. 1: SCHNECKEN

### Schleimige Fresser

Sie mögen Tiere? Bei Fernsehreportagen über misshandelte Kreaturen kommen Ihnen die Tränen? Wenn Sie einmal selbst Gemüse gesät haben, wird es eine Tierart geben, die die schwarze Seite Ihrer Seele ans Tageslicht bringt: Schnecken.

Diese gefräßigen Pflanzenvernichter können selbst friedfertige Menschen in glutäugige Attentäter verwandeln. Nachts kriechen sie aus ihren Verstecken und vernichten binnen Stunden Reihen von Sämlingen. Sie kauen die Stiele von Stangenbohnen durch, vertilgen jungen Salat, fressen zarte Triebspitzen, sodass die Pflanzen absterben, und überziehen alles mit widerwärtigem Schleim. Ich bin eigentlich nicht grausam veranlagt, aber ich habe schon Nacktschnecken massakriert und dabei Genugtuung empfunden.

Empfindsame Menschen meinen, man könnte sie einfach über den Gartenzaun werfen. Ich habe schon von Leuten gehört, die Gehäuseschnecken mit Tipp-Ex markiert und dann weit weggeworfen haben – nur um den Tipp-Ex-Kameraden am nächsten Abend wieder zu begegnen. Schnecken sind schließlich nicht dumm.

Der beste Pflanzenschutz ist Höhe – in Töpfen, Kästen und Ampeln. Schnecken mögen clever sein, aber fliegen können sie eben nicht. Für Pflanzen in Beeten gibt es verschiedene Schutzmaßnahmen:

## Geheimrezepte gegen Schnecken

• **Melonen- oder Grapefruitschalen.** Schalenhälften abends kopfüber ins Beet stellen. Morgens entdeckt man darunter meist mehrere Schnecken beim Frühstück. Ab in die Mülltonne mit ihnen. Brauchbare Methode, aber isst man täglich mehrere Grapefruits?

• **Bierfallen.** Plastikgefäße mit Bier füllen und halb eingraben. Morgens mitsamt den ertrunkenen Schnecken wegwerfen. Nicht schlecht, aber alle erwischt man so nicht.

• **Zerbröselte Eierschalen.** Meiner Erfahrung nach ziemlich nutzlos.

• **Kaffeesatz.** Ebenso.

• **Schneckenkorn.** Wirkungsvoll, aber eben ein Gift. Wer verzweifelt ist, kann einen Ring aus diesen blauen Körnchen mit Methaldehyd um besonders gefährdete Pflanzen streuen. Das kann funktionieren, ist aber natürlich nicht gerade umweltfreundlich. Ich verabscheue zwar Schnecken sehr, aber ich mag meinen kleinen Sohn, der durch den Garten flitzt und mit Begeisterung alles Mögliche in den Mund steckt. Organisches Schneckenkorn (mit Aluminiumsulfat und Eisensulfat) lohnt einen Versuch.

• **Nematoden.** Diese winzigen Fadenwürmer können als Auftragskiller eingesetzt werden. Schneckennematoden *(Phasmarhabditis hermaphrodita)* transportieren Bakterien in die Schnecken, an denen sie sterben. Erhältlich sind sie als beigefarbenes Pulver, das mit Wasser gemischt und mit der Gießkanne verteilt wird. Es ist schon befriedigend, eine Armee von Schneckenkillern loszulassen, selbst wenn man sie mit bloßem Auge gar nicht sieht. Sie sind übrigens nur für Schnecken tödlich.

• **Nächtliche Gartenspaziergänge mit Taschenlampe, einer Schüssel heißem Salzwasser, billigem Rotwein oder Bier.** (Kaltes Leitungswasser funktioniert nicht, weil die Schleimer einfach herauskriechen.) Es passt vielleicht nicht zu Ihrem Veranstaltungskalender, aber diese Methode wirkt gut: Einfach die Schnecken in die Schüssel werfen und ertränken, vor allem im Frühling, wenn die Pflanzen klein und anfällig sind. Immer hinein in meinen billigen Rotwein, zu einem Tod auf der Cocktailparty des Grauens. Am ersten Abend erwischen Sie 30 oder 40, am zweiten ebenfalls, dann werden Sie bemerken, dass die Zahl abnimmt.

# Kartoffeln

## Gartenlatein: Kartoffeln vorkeimen

Im Zusammenhang mit dem Kartoffelanbau hört man manchmal allerlei Begriffe, als handele es sich um eine komplizierte Wissenschaft. Aber das ist nicht der Fall. Eigentlich muss man nur Kartoffeln eingraben und warten, bis sich Blätter und später neue Knollen gebildet haben. Speisekartoffeln aus dem Supermarkt sollten Sie nicht benutzen. Kaufen Sie lieber Pflanzkartoffeln (manchmal auch Saatkartoffeln genannt). So können Sie sicher sein, keine Krankheiten einzuschleppen. Zeitig im Frühling legen Sie die Kartoffeln an einen hellen Platz, damit sich Keime bilden. So kann man früher ernten. Sehr praktisch zum Vorkeimen sind Eierkartons. Sie müssen nun aber nicht wochenlang Spiegeleier essen – andere flache Behälter eignen sich ebenso gut. Wenn die Keime einige Zentimeter lang sind, können die Kartoffeln gepflanzt werden.

Selbst geerntete Kartoffeln schmecken besser als gekaufte. So ist das eben. Sie sind frischer, erdiger, und man kann zwischen mehreren köstlichen Sorten wählen. Außerdem macht es Spaß, einen Eimer mit Kartoffelpflanzen auf der Terrasse auszukippen, die kostbaren Knollen aufzulesen und auf der Stelle zu verarbeiten.

Ich pflanze Kartoffeln immer in Gefäße, weil sie darin so gut gedeihen. Und ich beschränke mich auf feste Salatkartoffeln, denn der Anbau von dicken mehligen Sorten, etwa für Ofenkartoffeln, dauert sehr lange. Kaufen Sie Pflanzkartoffeln im Gartencenter oder bei einem seriösen Versandhändler. Ich mag besonders gern die kleine, rotschalige 'Mimi', die klassische Salatkartoffel 'Charlotte', die nussige 'Anya' und die buttrige 'Harlequin'. Besonders frühe Sorten sind 'Swift' und 'Rocket'. Dieses Jahr probiere ich 'Vitelotte', eine französische Sorte mit Schale und Fleisch in Dunkelblau und dem Geschmack von Butter und Kastanien. Essen Sie selbst gezogene Kartoffeln heiß mit Butter, kalt mit Mayonnaise oder in lauwarmem Salat mit Feta, Schnittlauch und kleinen Roten Beten. Himmlisch.

## Kartoffeln pflanzen

**Wann?** Zeitig im Frühjahr zum Vorkeimen auf eine helle Fensterbank legen. Um die Frühlingsmitte kann gepflanzt werden.

### SIE BRAUCHEN

 Einen Kübel mit Dränagelöchern, Universalsubstrat, Pflanzkartoffeln (möglichst vorgekeimt, aber es geht auch ohne), 20 Minuten

**Wo?** In einen mittleren bis großen Kübel (mindestens 25 cm Ø). Sie können gewöhnliche Ton- oder Plastikkübel verwenden oder spezielle Kartoffelkübel mit abnehmbaren Seiten kaufen. Weil Kartoffeln so gut in Kübeln wachsen, gibt es inzwischen einige Modelle, die leicht und recht ansehnlich sind. Schön rustikal sehen Säcke aus dickem Gewebe in einem »Gestell« aus Weidenruten aus. Schmucklos, aber doch sehr praktisch sind Gartenabfallsammler aus Kunstfasergeflecht mit einer Spiralfederung (Löcher in den Boden stechen!). Sie eignen sich bestens für Balkon- und Terrassengärten, weil sie fast nichts wiegen und man sie nach der Saison zusammendrücken und platzsparend verstauen kann. In jeden Kübel drei Kartoffeln pflanzen.

**Wie?** Eine Schicht Tonscherben auf den Kübelboden legen und mit 15 cm Universalsubstrat bedecken. Darauf die Pflanzkartoffeln setzen, die Keime nach oben. In einen 30-cm-Kübel passen zwei Kartoffelpflanzen, je nach Kübelgröße können es natürlich mehr oder weniger sein. Mit 15 cm Substrat bedecken und gießen. Den Kübel an einen geschützten Platz stellen.

## Mulch für alle

Mehrjährige Pflanzen wie Erdbeeren, Heidelbeeren, Himbeeren, Feigen und Pfirsiche mögen es, wenn man im Frühling Gartenkompost oder verrotteten Stallmist auf ihren Wurzelbereich legt. Dieser »Mulch« hält Feuchtigkeit im Boden und liefert Nährstoffe für eine reiche Ernte. Wer reifen Kompost hat, streut einfach einige Schaufeln voll um den Stamm jeder Pflanze. Ist Ihr Kompost noch nicht gut verrottet, kaufen Sie einige Beutel Stallmist, Pilzsubstrat oder ein anderes organisches Mulchmaterial im Gartencenter.

**Und dann?** Wenn sich grüne Triebspitzen zeigen, Substrat nachfüllen, bis sie wieder bedeckt sind. Wird Frost vorhergesagt, die Kübel mit Zeitung oder Vlies abdecken. Immer wieder das Grün mit Substrat bedecken, bis der Kübel voll ist. Regelmäßig gießen. Wenn der Kübel voll ist, das Kraut wachsen lassen und alle zwei Wochen flüssigen Tomatendünger oder Algenkonzentrat ins Gießwasser geben.

**Wann wird geerntet?** Das hängt von der Sorte ab. Früheste Sorten 10 Wochen nach der Pflanzung, normale Frühkartoffeln 13 Wochen nach der Pflanzung. Wer ungeduldig ist, scharrt nur etwas Substrat weg, um nachzuschauen. Nicht zu früh den Kübel ausschütten, sonst erreichen viele Kartoffeln nur die Ausmaße von Knoblauchzehen. Es ist kein Fehler, wenn man nur so viele ausgräbt, wie man für eine Mahlzeit braucht, und die anderen weiter wachsen lässt.

**Was kann schiefgehen?** Der ärgste Feind ist die Kraut- und Knollenfäule, die festkochende Sorten seltener als mehlige befällt. Auch Schorf kann auftreten. *(siehe S. 137 und 139)*

# Zuckererbsen (Kaiserschoten)

Wer ein riesiges Anwesen und eine Schar von Gärtnern hat, sollte unbedingt Reihe um Reihe normaler Sorten säen und den ganzen Sommer lang frisch gepalte Erbsen genießen. Wenn Sie, wie ich, nur einen kleinen Garten mit Terrasse haben, klappt das nicht. Erbsen brauchen viel Platz und Stützen, und das Auspalen macht Mühe. Der Anbau ist auch darum nicht so sinnvoll, weil zarte Tiefkühlerbsen überall preiswert zu haben sind.

Eine Ausnahme mache ich für Zuckererbsen (auch Kaiserschoten genannt), die man mitsamt der Hülse isst, und die einfach unvergleichlich süß und knackig schmecken – roh in Salaten oder mit etwas Knoblauch und Ingwer ganz kurz im Wok gegart. Säen Sie diese Erbsen in eine Ampel, einen Pflanzbeutel, einen Kübel oder ins Beet. Am günstigsten sind kleinwüchsige Sorten, die keine komplizierten Stützen brauchen. Pflanzt man sie in Ampeln, hängen sie lässig herab. Empfehlenswert sind unter den höheren Markerbsen-Sorten 'Sugar Snap', unter den zwergwüchsigen 'Sugar Rae',

'Sugar Bon' oder 'Zucolla' sowie unter den kleinwüchsigen Mangetout-Erbsen 'Dwarf Sweet Green' und 'Norli'. Wo steht, dass Erbsen grün sein müssen? Violette Markerbsen sehen toll zwischen Wicken aus und können ebenfalls ganz jung geerntet werden.

## Zuckererbsen säen

**Wann?** Spätfrühling bis Hochsommer

### In Töpfen

**Wie?** Eine Schicht Tonscherben auf den Kübelboden legen. Bis knapp unter den Rand mit Substrat füllen. Einige Erbsenreiser in gleichmäßigen Abständen ins Substrat stecken. Bei Ampeln sind keine Stützen not-

## Projekt fürs Wochenende: Schattenboxen

Salat gedeiht sogar vor einem Fenster Richtung Norden. Manche Sorten fühlen sich in der Sonne gar nicht wohl. Rot geäderter Sauerampfer mit seinen dunkelgrünen Blättern verleiht Salaten eine erfrischende Zitrusnote. Schnittlauchhalme mit violetten Pomponblüten und ein Vordergrund aus Pflücksalat in Rot und Grün runden das Bild ab.

### SIE BRAUCHEN
*1 Blumenkasten mit Dränagelöchern, mindestens 60 cm lang, möglichst breit*
*Universalsubstrat*
*1 Jungpflanze rot geäderter Sauerampfer (Rumex sanguineum) – alternativ krausblättriger Ampfer, aber möglichst keinen glattblättrigen, der zu staksig wird*
*2 Töpfe Schnittlauch*
*3 grüne Salatsetzlinge, z.B. 'Green Salad Bowl' oder 'Lollo Bionda'*
*2 rote Salatsetzlinge, z.B. 'Red Salad Bowl' oder 'Lollo Rosso'*
*45 Minuten*

Eine Schicht Tonscherben auf den Kastenboden legen. Den Kübel zu drei Vierteln mit Substrat füllen. Den Sauerampfer in die hintere Mitte pflanzen, rechts und links davon den Schnittlauch. Als vordere Reihe abwechselnd roten und grünen Salat verwenden. Angießen und später feuchthalten. Den Salat als Schnittsalat ernten oder zu Köpfen heranwachsen lassen.

wendig. Die Samen 5 cm tief ins Substrat stecken (knapp übers Mittelgelenk des Zeigefingers). Gründlich wässern und an einen sonnigen oder halbschattigen Platz stellen.

### Im Beet

**SIE BRAUCHEN**

 40 cm lange Erbsenreiser (für hohe Sorten längere Reiser, Bohnenstangen oder einen schönen Gartenobelisken), Samen für Zuckererbsen, 20 Minuten

**Wie?** Einen sonnigen oder halbschattigen Platz mit feuchtem, fruchtbarem Boden suchen. Abstand und Tiefe der Samen wie im Topf. Für niedrige Sorten Erbsenreiser stecken. Für hohe Sorten sehr lange Erbsenreiser verwenden, alternativ Bohnenstangen oben zum Zelt zusammenbinden oder einen Gartenobelisken verwenden und die Samen an die senkrechten Stützen legen. Eventuell im unteren Bereich waagerecht Schnüre als zusätzliche Kletterhilfe anbringen.

**Und dann?** Wenn Sie den ganzen Sommer lang ernten wollen, legen Sie Folgesaaten, sobald die ersten Sämlinge 5 cm hoch sind. Die Jungpflanzen stets feucht halten. Drei Monate nach der Aussaat die Schoten abschneiden und im Ganzen roh oder kurz gegart verzehren.

**Was kann schiefgehen?** Achten Sie vor allem auf Mehltau *(siehe S. 138)*.

### Spitze!

Säen Sie doch einmal Erbsen in einen Kübel, um nur die Triebspitzen zu ernten. Sie sehen originell aus und schmecken herrlich in Salaten – knackig und wie junge Erbsen. Und sie können lange vor den Früchten geerntet werden. Wie oben beschrieben säen. Wenn die Pflanzen 15 cm hoch sind, die Triebe unter dem obersten Blattpaar abschneiden. Sie treiben wieder aus. Die Triebspitzen auf Salat streuen. Sie werden staunen, wie lange Ihre Gäste rätseln, was das wohl sein mag *(siehe S. 52)*.

# Möhren

Man kann sie entsaften, in Hummus oder Tsatsiki dippen *(siehe S. 128)*, in Kuchenteig raspeln oder einfach aus der Erde ziehen, mit dem Gartenschlauch abspülen und vernaschen. Möhren gehören zu den Gemüsearten, die man erst schätzen lernt, wenn man sie selbst anbaut. Das hat viel mit ihrem Zuckergehalt zu tun, der sich vom Augenblick der Ernte an allmählich in Stärke verwandelt. Frisch geerntete Möhren sind gekauften um Längen überlegen. Vor allem die hier empfohlenen Sorten sind unwiderstehlich süß.

Möhren gedeihen im Gartenboden, in Blumenkästen und Kübeln. Sie wachsen langsam und schmecken am süßesten, wenn man sie jung erntet. Ich säe schon im Frühling einige Samen in große Töpfe, die wir dann roh oder kurz gedünstet essen.

Probieren Sie einmal die Sorten 'Amsterdam Forcing', 'Nantaise', 'Sugarsnax', die hellgelbe 'Yellowstone' oder die rote 'Nutri-Red'. Für Töpfe und Blumenkästen empfehlen sich die runden Sorten wie 'Pariser Markt' oder 'Parmex' sowie die gedrungene 'Chantenay'. Wer Ärger mit der Möhrenfliege vermeiden will, wählt resistente Sorten wie 'Resistafly' oder 'Flyaway' – da ist der Name Programm.

## *Möhren säen*

**Wann?** Mitte Frühling bis Hochsommer

### In Töpfen

 Einen mittelgroßen bis großen Kübel mit Dränagelöchern, Universalsubstrat, Möhrensamen, 20 Minuten

**Wie?** Eine Schicht Tonscherben auf den Kübelboden legen. Bis knapp unter den Rand mit Substrat füllen. Samen sparsam verteilen und ganz dünn mit Substrat bedecken. Gut wässern und an einen sonnigen, geschützten Platz stellen.

### Im Beet

 Bleistift oder Stäbchen, Möhrensamen, 10 Minuten

**Wie?** Einen sonnigen oder halbschattigen Platz mit gutem Boden, der *nicht* frisch mit Mist oder Kompost gedüngt wurde (Möhren mögen das nicht). Mit dem Bleistift oder Stäbchen eine flache Rille ziehen, Samen sehr sparsam in die Rille streuen, dünn mit Erde bedecken und gießen.

**Und dann?** Wenn die Sämlinge groß genug sind, um sie gut zu greifen, auf Abstände von 5 cm ausdünnen. Ab und zu nachschauen, wie groß die Möhren schon sind, und ernten, wenn Ihnen das Format zusagt.

**Was kann schiefgehen?** Der lästigste Schädling ist die Möhrenfliege *(siehe S. 139)*.

# Pak Choi

Pak Choi hat saftige Blätter mit knackigem Biss und ist erstaunlich leicht anzupflanzen. Sie können schon 30 Tage nach der Aussaat junge Blättchen ernten – roh im Salat lecker – oder die Pflanzen groß werden lassen und für Wok-Gerichte und Suppen verwenden. Legen Sie doch einen asiatischen Kübelgarten mit Pak Choi, exotischen Kräutern und Chili an *(siehe S. 87)*. Im Sommer können Sie nochmals aussäen oder Jungpflanzen setzen, denn Pak Choi verträgt Kälte recht gut *(siehe S. 96)*. Sorten mit grünen Stielen schmecken meist herzhafter als weißstieliger Pak Choi.

## *Pak Choi säen*

**Wann?** Spätes Frühjahr bis Frühsommer

### In Töpfen

**SIE BRAUCHEN**

 Einen großen Kübel mit Dränagelöchern, Universalsubstrat, Pak-Choi-Samen, 20 Minuten

**Wie?** Eine Schicht Tonscherben auf den Kübelboden legen und bis knapp unter den Rand mit Substrat füllen. Samen sparsam verteilen und 2 cm dick mit Substrat bedecken. Gießen. Sonnig oder halbschattig stellen.

### Im Beet

**SIE BRAUCHEN**

 Bleistift oder Stäbchen, Pak-Choi-Samen, 10 Minuten

**Wie?** Einen sonnigen oder halbschattigen Platz mit gutem Boden suchen. Eine flache Rille in den Boden ziehen. Die Samen sparsam einstreuen, 2 cm hoch mit Erde bedecken und gründlich gießen.

**Und dann?** Zum Ernten junger Blätter die Sämlinge auf etwa 8 cm verziehen, sobald man sie gut greifen kann. Die Blätter nach etwa 30 Tagen jeweils oberhalb des jüngsten neuen Blattes abschneiden, dann treibt die Pflanze wieder aus. Wenn Sie später Köpfe ernten wollen, die Pflanzen auf 15 cm verziehen.

**Was kann schiefgehen?** Erdflöhe, Blattläuse, Raupen, Wurzelläuse und Schnecken *(siehe S. 36)* können auftreten.

# Rote Bete

Vergessen Sie die dunkelroten, kratzig-sauren Scheiben aus Kindertagen. Selbst gezogene Rote Bete, ganz jung geerntet, im Ofen gegart und warm unter einen Frühsommersalat gemischt, sind damit nicht zu vergleichen, sie schmecken würzig und süßlich. Größere Knollen können Sie im Sommer in Scheiben geschnitten servieren. Neben den klassischen Sorten in dunklem Rotviolett gibt es auch goldgelbe Rote Bete. Meine Lieblingssorte ist 'Chioggia', die – quer in Scheiben geschnitten – konzentrische Kreise in Rot und Weiß zeigt und in Salaten mächtig Eindruck schindet. Ich ziehe Rote Bete gern in mittelgroßen Töpfen, aber sie sehen auch in Reihen oder Gruppen im Beet gut aus.

## Rote Bete säen

**Wann?** Früh im Jahr im Haus in Anzuchtschalen. Mitte Frühling bis Hochsommer im Freien.

### In Anzuchtschalen

**SIE BRAUCHEN**

 Anzuchtschale mit Einzelzellen, Universalsubstrat, Rote-Bete-Samen, 20 Minuten

**Wie?** Die Zellen bis fast an den Rand mit Substrat füllen, gießen und abtropfen lassen. In jede Zelle vier Samen legen, 1 cm dick mit Substrat bedecken. Im Haus auf eine sonnige Fensterbank stellen.

**Und dann?** Feucht halten. Wenn die Sämlinge 5 cm groß sind, mit 10 cm Abstand ins Beet oder in Töpfe im Freien pflanzen.

### In Töpfen

**SIE BRAUCHEN**

 Einen mittelgroßen Kübel mit Dränagelöchern, Universalsubstrat, Rote-Bete-Samen, 20 Minuten

**Wie?** Eine Schicht Tonscherben auf den Kübelboden legen. Bis knapp unter den Rand mit Substrat füllen. Die Samen dünn aufstreuen und mit etwas Substrat bedecken. Gießen. Sonnig oder halbschattig stellen.

### Im Beet

**SIE BRAUCHEN**

 Bleistift oder Stäbchen, Rote-Bete-Samen, 10 Minuten

**Wie?** Einen sonnigen oder halbschattigen Platz mit gutem Boden suchen. Mit Bleistift oder Stäbchen eine flache Rille in den Boden ziehen. Samen in 5-cm-Abständen einstreuen. Mit Erde bedecken und gründlich gießen.

**Und dann?** Die Knollen ernten, wenn sie die Größe einer Kinderfaust haben.

**Was kann schiefgehen?** Auf Schnecken achten *(siehe S. 36)*. Regelmäßig gießen, weil die Pflanzen bei Trockenheit dazu neigen, vorzeitig in Saat zu schießen.

# Mangold

Was wäre der Schrebergarten, der Wochenmarkt oder die Biogemüsekiste ohne Mangold! Das Gemüse ist leicht zu ziehen, aber wer will es essen? Was kann man damit anfangen? »Sieht hübsch aus, aber ich glaube, niemand mag ihn«, meinte eine Freundin, als ich neulich Mangold erwähnte, obwohl er sich gut für kleine Wickel mit Reis- oder Fischfüllung eignet.

Zugegeben, er ist nicht jedermanns Sache. Aber wer Spinat mag, wird ihn nicht verschmähen. Dann kann man doch gleich Spinat säen, denken Sie vielleicht. Tja, aber Spinat ist ein heikles Pflänzchen. Bei Temperaturschwankungen geht er in Saat und er braucht stets feuchte Wurzeln. Mangold dagegen nimmt nichts übel, überdauert Trockenheit und verträgt sogar einen Ausrutscher mit der Gartenhacke.

Selbst Mangoldverächter werden zugeben müssen, dass die stattlichen Pflanzen mit den üppigen, dunkelgrünen Blättern und den leuchtstarken, bunten oder schneeweißen Stielen richtig gut aussehen. Außerdem liefern die Pflanzen monatelang Vitamine: Die äußeren Blätter nach Bedarf ernten, dann bildet die Pflanze

eine Zeitlang immer neue. Kleine Blätter roh in Salaten verwenden, größere dünsten und mit Butter und schwarzem Pfeffer aus der Mühle servieren.

Wer es farbenfroh mag, wählt Mangoldsorten mit leuchtend gefärbten Stielen. Feinschmecker bevorzugen jedoch die weißstieligen Sorten. Im Spätsommer oder Frühherbst nochmals säen, damit Sie im mageren Winter frisches Grün ernten können.

## *Mangold säen*

**Wann?** Früh im Jahr in Anzuchtschalen im Haus, Mitte Frühling bis Spätsommer im Freien.

### In Anzuchtschalen

**SIE BRAUCHEN**

 Anzuchtschale mit Einzelzellen, Universalsubstrat, Mangoldsamen, 20 Minuten

**Wie?** Die Zellen bis fast an den Rand mit Substrat füllen, gießen und abtropfen lassen. In jede Zelle ein Samenkorn legen, mit Substrat bedecken und auf eine sonnige Fensterbank im Haus stellen.

**Und dann?** Feucht halten. Wenn die Sämlinge 5 cm groß sind, ins Beet oder in Töpfe im Freien pflanzen. Im Beet 20 cm Abstand zwischen den Pflanzen lassen.

### In Töpfen

**SIE BRAUCHEN**

 Einen mittleren bis großen Topf mit Dränagelöchern, Universalsubstrat, Mangoldsamen, 20 Minuten

**Wie?** Eine Schicht Tonscherben auf den Kübelboden legen. Bis knapp unter den Rand mit Substrat füllen. Die Samen 1 cm tief in Abständen von 10 cm verteilen. Mit Substrat bedecken, gießen und an einen sonnigen, geschützten Platz stellen. Wenn die Sämlinge groß genug sind, um sie greifen zu können, auf 20 cm verziehen. In einem 30-cm-Kübel drei Pflanzen stehen lassen.

## Im Beet

**SIE BRAUCHEN**

Bleistift oder Stäbchen, Mangoldsamen, 10 Minuten

**Wie?** Einen sonnigen oder halbschattigen Platz mit gut vorbereitetem Boden suchen. Mit dem Stift oder Stäbchen 1 cm tiefe Löcher in Abständen von 30 cm stechen. In jedes Loch ein Samenkorn legen, mit Erde bedecken und gießen.

**Und dann?** Regelmäßig gießen. Die äußeren Blätter jung für Salat ernten oder größer werden lassen zum Dünsten.

**Was kann schiefgehen?** Schnecken *(siehe S. 36)* lieben die jungen Pflanzen.

## Mogeln erlaubt: Turbo-Erdbeeren

Normalerweise pflanzt man Erdbeeren im Sommer. Zeitpunkt letztes Jahr verpasst? Kein Problem! Sie können auch im Frühling Jungpflanzen kaufen und einsetzen. Sie wurden kühl gelagert und tragen, wenn sie im Frühling gepflanzt werden, zwei bis drei Monate später Früchte. Das ist beinahe wie Fast Food aus dem Garten! Wenn Sie Erdbeeren im Herbst gepflanzt haben, blühen sie jetzt. Sobald sich Früchte bilden, müssen Pflanzen in Kübeln alle zwei Wochen mit Tomaten- oder Algendünger versorgt werden.

# Gemüsemais

Frisch gepflückter Mais aus eigenem Anbau ist das Supermodel der Gartenszene. Wer mit seinem grünen Daumen angeben will, braucht nur ein paar Kolben abzubrechen und auf den Grill zu werfen *(siehe S. 126)*.

Mais sollte möglichst bald gegessen werden, denn vom Moment der Ernte an beginnen seine Zuckerstoffe sich in Stärke zu verwandeln. Leider gibt es ein Problem. Wie ein Supermodel ist er anspruchsvoll, launisch und schreit nach Zuwendung. Er braucht einen sonnigen Platz mit tiefgründigem Boden (also kein Kandidat für den Kübel), damit Kolben von stattlicher Größe reifen können. Die Pflanzen müssen dicht zusammen stehen und brauchen vor allem einen langen, heißen Sommer. Trotzdem lohnt sich ein Versuch. Die frischen Kolben schmecken einfach umwerfend, und die Pflanzen selbst bringen mit ihren hohen Stielen, den bauchigen Kolben und den langen Haarbüscheln ein gewisses Etwas in den Garten. Von den Minisorten sollten Sie allerdings lieber die Finger lassen, denn selbst wenn sie gut gedeihen, reicht die Ernte gerade einmal für ein einziges Wok-Gericht.

## Gemüsemais säen

**Wann?** Ab Mitte Frühling

**Wo?** Im Haus auf einer sonnigen Fensterbank

**Wie?** Die Töpfe bis knapp unter den Rand mit Substrat füllen. Pro Topf ein Samenkorn 2 cm tief in die Erde drücken. Gießen.

**Und dann?** Die Sämlinge feucht halten und im Frühsommer ins Beet pflanzen. Näheres zum Auspflanzen lesen Sie auf *S. 92*.

# FEINDBILD NR. 2: KATZEN

»Meine Katzen machen im Gemüsebeet keinen Ärger«, behaupten Katzenbesitzer immer. Das stimmt sogar meistens. Stubentiger sind ja nicht so dumm, den eigenen Hof zu beschmuddeln. Es ist eher ihr Stil, durch den Zaun zu schlüpfen, ihr Geschäft im Beet der Nachbarn zu erledigen und beim Verscharren die zarten Sämlinge zu ruinieren. Als ich meinen kleinen Stadtgarten anlegte, meinte ich, sechs nette Hochbeete gebaut zu haben. Aber offenbar hatte ich sechs Katzenklos angelegt, die sämtliche Nachbarkatzen liebten. Mein Rucola war das erste Opfer. Nach einem direkten Treffer von oben kam er als Salat nicht mehr infrage. Wenig später sah ich – den Tränen nahe – eine Reihe gerade aufgelaufener Salatpflänzchen, brutal entwur-

zelt und verstreut, und zu allem Überfluss mit Katzenköteln garniert. Ich könnte schwören, dass sich die Nachricht von der besonders stylischen Bedürfnisanstalt für Katzen wie ein Lauffeuer im Viertel verbreitet hat. Besonders schlimm ist es im Frühling, wenn viele freie Flächen in den Beeten die Katzen zum Scharren einladen – und gleichzeitig all die zarten Jungpflanzen vor der vernichtenden Attacke zittern.

Was tut man nun gegen die Samtpfoten? Ich habe Zitrusschalen verstreut (angeblich mögen sie den Geruch nicht), aber das wirkte nicht, und der Garten sah aus wie ein Komposthaufen. Manche Leute schwören auf Ultraschallgeräte oder Löwenkot (aus dem Gartencenter), der ihnen Angst einjagen soll. Ich kenne nur eine wirksame Lösung: Stöcke. Nicht zum Verprügeln, sondern um sie auf die Beete zu legen. Je verzweigter, desto besser. Auch Ilexzweige eignen sich gut, denn niemand, nicht einmal eine Katze, mag sich auf Stacheln hocken. Bewahren Sie abgeschnittene Zweige von Sträuchern und Obstgehölzen auf, sammeln Sie Stöcke im Park oder nehmen Sie notfalls Bambusstäbe. Legen Sie die Zweige kreuz und quer über die Beete (und die Kübel!), sodass ein Geflecht entsteht, auf das keine Katze treten mag. Wenn das nicht hilft, kaufen Sie sich eine Wasserspritzpistole. *(Mehr zu Schädlingen auf S. 134 ff.)*

# Auberginen

Machen wir uns nichts vor: Im Klima Nordeuropas gedeihen Auberginen nicht so gut wie am Mittelmeer oder im Nahen Osten. Also ist es besser, gleich eine für unser Klima gezüchtete Sorte mit kleinen Früchten (etwa 12 cm) zu wählen, statt um große Früchte zu ringen, die letztlich nicht ordentlich ausreifen. Die kleinen Auberginen schmecken in Schmorgerichten wie Ratatouille herrlich, aber man kann sie auch mit Halloumi-Käse und Zucchini aufspießen und grillen. Setzen Sie eine Minisorte wie 'Ophelia' oder 'Orlando' in einen großen Kübel, und stellen Sie ihn an den sonnigsten Platz, den Sie haben. Wer nicht aussäen will, kann auch im Frühsommer Jungpflanzen kaufen. *Siehe auch Projekt fürs Wochenende, S. 88.*

## Auberginen säen

**Wann?** Zeitiges bis mittleres Frühjahr

**Wo?** Im Haus auf einer sonnigen Fensterbank

### SIE BRAUCHEN

Blumentöpfe (7 cm), Universalsubstrat, Auberginensamen, 30 Minuten

**Wie?** Die Töpfe zu drei Vierteln mit Substrat füllen. In jeden Topf zwei Samen legen, mit etwas Substrat bedecken und gießen.

**Und dann?** Wenn die Sämlinge 3 cm hoch sind, den schwächeren entfernen. Die Pflanzen so hell wie möglich stellen und regelmäßig drehen, damit sie nicht schief wachsen. Das Substrat feucht (aber nicht nass) halten. Näheres zum Pflanzen von Auberginen, Paprika und Chili lesen Sie auf S. 84.

**Was kann schiefgehen?** Auf Blattläuse achten *(siehe S. 136).*

## *Frühlingsfrischer Salat*

Feiern sie den Beginn der Erntesaison mit allem, was der Garten jetzt zu bieten hat: junge Dicke Bohnen, Erbsentriebe, kleine Rote Bete und neue Kartoffeln. Sie mögen alle noch klein sein, doch sie stecken voll herrlich süßer Aromen.

*FÜR 3 PERSONEN*
*8 oder mehr kleine Rote Bete*
*20 oder mehr kleine neue Kartoffeln*
*3 Handvoll junge Dicke Bohnen, ausgepalt*
*4 Handvoll Salatblätter*
*200 g Fetakäse, gewürfelt*
*2 Frühlingszwiebeln, grob gehackt*
*1 gute Handvoll Erbsentriebe*
*Salatdressing*

Rote Bete waschen, die Blattschöpfe abdrehen und die Knollen im Backofen etwa 30 Minuten garen, bis sie sich mit einem Messer leicht einstechen lassen. Alternativ in Wasser gar kochen. Abkühlen lassen. Die Kartoffeln waschen und garen oder dämpfen. Die Dicken Bohnen einige Minuten dämpfen, dann aus den Häuten drücken. Wenn die Roten Bete abgekühlt sind, die Schalen abrubbeln und die Knollen vierteln. Den Salat waschen, schleudern und mit Fetakäse, Roten Beten, Bohnen, Zwiebeln und Kartoffeln in eine Schüssel geben. Die Erbsentriebe darauf verteilen. Mit Dressing beträufeln und vorsichtig mischen. Zu warmem, knusprigem Brot servieren, bevor die Kartoffeln ganz abgekühlt sind.

# Zucchini

Es gibt eine ganze Reihe von Büchern über die Bewältigung einer Zucchini-Ernteschwemme. Da kann man sich leicht als Versager fühlen, wenn die eigene Pflanze nicht genug abwirft, um damit einen Marktstand zu bestücken. Meine Pflanzen scheinen diese Bücher nicht zu lesen, denn sie werfen gerade genug für ein paar Esser ab. Das ist auch gut so, denn auf Zucchini-Chutney bin ich nicht sonderlich wild.

Ich mag die riesigen Blätter mit der Sandpapieroberfläche und die strahlend gelben Blüten – angeblich

köstlich mit Ricotta gefüllt und frittiert, wenn man denn mit einer Friteuse zurechtkommt. Die kleinen Früchte scheinen buchstäblich über Nacht zu entstehen. In milder Hühnerbrühe mit Reis und Zitronenschale sind sie lecker, oder auch längs in Scheiben geschnitten und mit Olivenöl und einem Spritzer Zitronensaft gegrillt. Neben den niedrig wachsenden Arten gibt es auch kletternde, die mit ihren großen Blüten und dekorativen Früchten an einem Obelisken, Bogen, Spalier oder einer Pergola toll aussehen. Empfehlenswert sind 'Black Forest' oder 'Tromboncino' (kletternde Sorte) mit ungewöhnlich langen, schlangenartigen Früchten. Niedrige Arten empfehlen sich für Kübel oder als Flächendecker im Beet. 'Toscana' ist eine kompakte Sorte mit runden Früchten, also besonders gut für Kübel geeignet. Wer experimentierfreudig ist, hat sicher Spaß an Sorten mit gestreifter oder gesprenkelter Schale.

## Zucchini säen

**Wann?** Mitte Frühjahr

**Wo?** Im Haus auf einer sonnigen Fensterbank

### SIE BRAUCHEN

 Blumentöpfe (7 cm), Universalsubstrat, Zucchinisamen, 20 Minuten

**Wie?** Die Töpfe bis knapp unter den Rand mit Substrat füllen. Pro Topf ein Samenkorn auf der Seite liegend 3 cm tief ins Substrat drücken, bedecken und gießen.

**Und dann?** Feucht halten. Wenn die Wurzeln unten aus dem Topf wachsen, in größere Kübel umpflanzen. Näheres zum Auspflanzen lesen Sie auf S. 90.

# Feigen

Typischer Dialog neben einem Feigenbäumchen auf einer Terrasse irgendwo in Nordeuropa:

*»Hast du jemals Feigen von deinem Baum gegessen?«*
*»Aber sicher!«*
*»Wie viele denn?«*
*»Massenhaft. Mindestens zehn.«*
*»Und wie lange hast du ihn schon? Drei Jahre?«*
*Schulterzucken*

Wie gut, dass sie so schön exotisch aussehen. Und wie gut, dass die handförmigen Blätter so herrlich nach Urlaub im Süden duften, wenn man sie berührt. Das ist vor allem deshalb gut, weil Feigenbäume im Hinblick auf den Ertrag eher zurückhaltend sind. Das gilt natürlich nicht für den Mittelmeerraum, wo sie üppig wachsen und reich tragen. Aber in einem Land, wo die Sommer weniger lang und warm sind, im Winter dafür aber Minusgrade drohen, sollte man Feigenbäume nicht als Obstbäume im engeren Sinn betrachten, sondern eher als Zierpflanzen, die mit etwas Glück ab und an auch einige Früchte tragen.

Trotzdem bringt ein Feigenbäumchen in einem Terrakottakübel Glamour und exotisches Flair auf den Balkon oder die Terrasse. Und wer sich etwas mehr Mühe geben will, kann sogar etwas dafür tun, dass die Ernte großzügiger ausfällt.

Kaufen Sie unbedingt eine Sorte für Ihr Klima. 'Brown Turkey' ist eine beliebte Sorte mit rotfleischigen Früchten, auch 'Madeleine' und 'Violetta' sind gut frostverträglich. Unbedingt in einen Kübel pflanzen, denn dadurch wird das Wurzelwachstum begrenzt und die Fruchtbildung gefördert. Und den Kübel an einen sonnigen, geschützten Platz stellen.

Wichtig für die Fruchtbildung ist auch ein Winterschutz. Die Feigen, die im Sommer reifen, werden nämlich schon im vorherigen Herbst als kleine »Knospen« angelegt und sind recht kälteempfindlich. Sie können den Feigenbaum über Winter an einen hellen, kühlen Platz im Haus stellen, etwa in den Windfang oder Wintergarten, oder – viel weniger Aufwand – vor dem ersten Frost draußen mit Vlies *(siehe S. 118)* einpacken. Im Gartencenter gibt es sogar Vlieshüllen mit Bindebändern zum windfesten Verschnüren der Abdeckung. Im Frühling nach dem letzten Frost die Abdeckung wieder abnehmen.

Außerdem sollten Sie im Frühsommer die Triebspitzen zurückschneiden, damit der Baum seine Energie nicht für das Wachstum, sondern für die Fruchtbildung verwendet *(siehe S. 88)*.

Wenn all der Aufwand Sie nicht abschreckt, können Sie sich auf eine Belohnung freuen. Der Anbau von Feigen ist nicht einfach, aber wenn Sie Früchte ernten (und das werden Sie, versprochen), dann ist der süße Genuss unbeschreiblich.

## Einen Feigenbaum pflanzen

**Wann?** Mitte Frühling bis Spätsommer
**Wo?** Im Freien in einem Kübel

 Einen Kübel mit mindestens 50 cm Ø, Universalsubstrat, einen frostharten Feigenbaum aus dem Gartencenter oder von einem Online-Anbieter (Obstbaumschulen haben das größte Angebot), 30 Minuten

**Wie?** Eine Schicht Tonscherben auf den Kübelboden legen. Den Kübel zur Hälfte mit Substrat füllen. Den Baum vorsichtig aus dem Plastiktopf oder dem Wurzelnetz lösen. Den Wurzelballen auflockern, wenn er verfilzt aussieht. Eine Vertiefung in das Substrat im Kübel drücken, den Baum hineinstellen und ringsherum bis zur Höhe der Erdspuren am Stamm mit Substrat auffüllen. Gründlich gießen und an einen sehr sonnigen, gut geschützten Platz stellen.

**Und dann?** Regelmäßig gießen und alle paar Wochen mit flüssigem Algendünger versorgen. Näheres zur weiteren Pflege lesen Sie auf *S. 91 und 107*.

**Was kann schiefgehen?** Unreife Früchte könnten abfallen, dann fehlt dem Baum Feuchtigkeit. Im Hochsommer muss eventuell täglich gegossen werden.

# Kürbis

Eine lange Kürbisranke mit orange-gelben Früchten ist die botanische Version der Lichterkette. Die stattlichen Pflanzen brauchen viel Platz. Sie kriechen, klettern, hängen – und machen sich ganz schön breit. Als Gegenleistung liefern sie Früchte mit feuerfarbiger Schale und nussig schmeckendem Fleisch. Man kann sie im Ofen backen, in Butter dünsten, kann sie für herzhafte Suppen verwenden oder witzige Laternen daraus schnitzen.

Grundsätzlich unterscheidet man zwischen Sommerkürbissen, die frisch verbraucht werden sollten, und Winterkürbissen, die eine harte Schale haben und sich wochenlang halten. Zu den Winterkürbissen gehört neben dem Butternut-Kürbis auch der eigenartige, aber leckere Spaghettikürbis, den man im Ganzen in der Mikrowelle gart (vorher mehrmals einstechen, sonst explodiert er!). Die nudelartigen, langen Fasern werden mit Butter oder Sauce gegessen. Auch der roströtliche Hokkaido-Kürbis 'Uchiki Kuri' sowie der 'Blue Kuri' mit dunkel blaugrauer oder grünlich blauer Schale und gelbem, nach Kennermeinung besonders aromatischem Fleisch, sind interessant. Großformatige Sorten sind 'Jack O'Lantern', der Klassiker für Kürbislaternen, oder Roter Zentner, der stattlich genug für eine Cinderella-Kutsche ist. 'Baby Bear' ist ein Minikürbis (2–4 kg), der im Kübel gedeiht und dessen Samen man rösten kann.

## Kürbis säen

**Wann?** Mittleres Frühjahr

**Wo?** Im Haus auf einer sonnigen Fensterbank

### SIE BRAUCHEN

Blumentöpfe (7 cm), Universalsubstrat, Kürbissamen, 20 Minuten

**Wie?** Die Töpfe bis knapp unter den Rand mit Substrat füllen. Je zwei Kürbissamen auf der Seite liegend 3 cm tief hineinstecken, bedecken und gießen.

**Und dann?** Wenn die Sämlinge 3 cm groß sind, den schwächeren entfernen. Feucht halten. Wenn Wurzeln durch den Topfboden stoßen, in einen größeren Topf pflanzen. Näheres zum Auspflanzen lesen Sie auf S. 91.

# Gurken

Ich dachte immer, Gurken seien diese langweilig schmeckenden Wasserdinger in Plastikfolie. Aber dann zog ich selbst welche und seitdem bin ich ein bekennender Gurkenfan. Die Pflanzen sehen hübsch aus, wenn sie mit ihren gelben Blüten und großen Blättern an Stangen oder einem Obelisken klettern. Aber das Beste sind natürlich die Gurken selbst. Sie sind längst nicht so fad wie die gekauften, sondern knackig und aromatisch. Normale und kleinwüchsige Sorten kann man an zeltgerüstartig aufgestellten Stangen ziehen. Kompaktere, nicht kletternde Sorten empfehlen sich für Kübel. Als »Gärtnerwurst« sind sie ein leckerer Belag für Butterbrote und geraspelt schmecken sie im Tsatsiki *(siehe S. 128)* ganz herrlich.

## Gurken säen

**Wann?** Mittleres Frühjahr

**Wo?** Im Haus auf einer sonnigen Fensterbank

**SIE BRAUCHEN**

Blumentöpfe (7 cm), Universalsubstrat, Gurkensamen, 20 Minuten

**Wie?** Die Töpfe bis fast an den Rand mit Substrat füllen. Pro Topf zwei Samen auf der Seite liegend 3 cm tief ins Substrat stecken, bedecken und gießen.

**Und dann?** Wenn die Sämlinge 3 cm groß sind, den schwächeren entfernen. Feucht halten. Näheres zum Auspflanzen lesen Sie auf *S. 91*.

## Projekt fürs Wochenende: Dufte Idee für einen trüben Frühlingstag

Im zeitigen Frühling, wenn draußen alles grau und kahl aussieht, möchte man am liebsten in den Süden fliegen. An solchen Tagen nehme ich mir gern Zeit, um Wicken zu säen. Dazu ein gutes Glas Wein und ein schmalziger Radiosender – das hebt gleich die Stimmung.

**SIE BRAUCHEN**
**Blumentöpfe (7 cm)**
**Universalsubstrat**
**1 Tütchen Wickensamen**
**20 Minuten**

Die Töpfe bis knapp unter den Rand mit Substrat füllen. In jeden Topf drei Samen legen und bis zum Mittelgelenk des Zeigefingers ins Substrat drücken. Bedecken,

gießen und auf eine sonnige Fensterbank stellen. Dabei eine Radioschnulze laut mitsingen, von der Sie nie zugeben würden, dass Sie sie mögen.

Regelmäßig gießen, um Mehltau zu vermeiden *(siehe S. 138)*. Wenn die Sämlinge über den Keimblättern zwei Blattpaare haben, die Triebspitzen ausknipsen. Das klingt brutal, ist aber sinnvoll, weil sie danach kräftiger wachsen. Die Pflanzen gegen Mitte oder Ende des Frühjahrs auspflanzen, am besten an Obelisken, »Zeltgestänge« aus Bambus oder verzweigte Haselruten, an denen sie in die Höhe klettern können *(siehe S. 81)*.

# Essbare Blüten

Sie sind essbar, aber mehr meist auch nicht. Einen Teller voller Blüten würde niemand essen wollen, als Garnierung für einen Salat sehen sie aber hinreißend aus. Und auch an der Pflanze machen die Blüten natürlich eine gute Figur.

## Kapuzinerkresse

Die Kresse ist ungemein wuchsfreudig und bildet jede Menge Blüten in leuchtendem Gelb, Orange oder Rot. Zwei oder drei Pflanzen genügen, um einen Obelisken oder ein Spalier im Sturm zu erobern, sich zwischen anderen Pflanzen einen Weg zu bahnen und verwunschenen Bauerngartencharme zu verbreiten. Ich könnte nicht auf sie verzichten. Sie bedecken kahle Stellen in Beeten, bringen Farbe in triste Ecken und gedeihen im Beet so gut wie in Kübeln. Sorten mit panaschierten Blättern sehen besonders lebhaft aus und kleinwüchsige Sorten machen sich nicht so brutal breit wie normale. Gesät wird zwischen Spätfrühling und Frühsommer direkt ins Beet oder, wenn ein Zeitvorsprung erwünscht ist, schon früher im Haus in Töpfen. Sie können auch Jungpflanzen kaufen und auf das Farbenfeuerwerk warten. Dann einfach eine Handvoll Blüten pflücken und auf einen gemischten Salat streuen. Vorher die Staubgefäße entfernen!

## Borretsch

Borretsch ist ein Klassiker für den Kräutergarten. Die hübschen, blauen Blüten in Sternform schmecken nach Gurke und werden traditionell zum Würzen von

Pimms No 1 verwendet *(siehe S. 132)*. Sie sehen in Eiswürfeln schön aus, oder man gibt sie unmittelbar vor dem Servieren in Weißwein und schaut zu, wie sich die blauen Blüten rosa färben. Im mittleren Frühling an einen sonnigen Platz im Freiland säen oder später im Jahr eine Jungpflanze kaufen. Borretsch sät sich großzügig selbst aus.

### Hornveilchen

Gibt es niedlichere Blüten? Violett, rosa, ein gelblicher Schlund, und so klein, dass es auf einer Fingerspitze Platz hat. Im mittleren Frühling in Töpfen (7 cm) auf einer sonnigen Fensterbank säen. Wenn die Pflanzen 3 cm groß sind, ins Beet oder in Kübel im Freien pflanzen. Sonnig oder halbschattig stellen. Alternativ können Sie Jungpflanzen im Gartencenter kaufen und in Ampeln oder Kübel pflanzen. Wenn welke Blüten regelmäßig entfernt werden, bilden sich bis zum Spätherbst laufend neue. Besonders schön sehen Hornveilchen zwischen zartem Pflücksalat aus. *Siehe Projekt fürs Wochenende, S. 69.*

### Ringelblumen

Ringelblumen sind ein Klassiker im Nutzgarten, weil ihre leuchtend orangefarbenen Blüten Schwebfliegen anlocken, die natürlichen Fressfeinde von Blattläusen. Ihr Duft soll überdies die Möhrenfliege verwirren *(siehe S. 134)* und so die Möhren schützen. Und auch als Garnierung für Salate sind die intensiv gelben oder orangefarbenen Blütenblätter gut zu gebrauchen. Im Spätfrühling direkt ins Freiland säen oder ab März im Haus vorziehen und später auspflanzen.

## BLUMEN MÜSSEN SEIN, WEIL …

Gewiss, viele Gemüse- und Obstsorten sehen gut aus. Aber können sie wirklich mit einem wogenden Meer von Kosmeenblüten mithalten, oder mit einer grünen und pastellfarbenen Wand aus Wicken? Die Blumen locken Insekten zur Bestäubung der Nutzpflanzen an und sehen so schön aus, dass man es sich neben ihnen gern mit der Wochenendzeitung bequem macht oder mit einer Freundin ein Glas Wein trinkt – und sich gar nicht wie im Schrebergarten fühlt. Natürlich kann man perfekte Blumen aller Art in den Garten pflanzen, aber die folgenden sind besonders leicht aus Samen zu ziehen (oder später als Jungpflanzen zu kaufen). Sie vertragen sich mit Obst und Gemüse und blühen zuverlässig, manchmal bis in den Herbst hinein.

### Wicken

Wer nur eine Blumenart in den Nutzgarten pflanzt, nimmt Wicken. Die zauberhaften Kletterpflanzen sind traditionelle Begleitpflanzen zu Ost und Gemüse. Man kann sie zusammen mit Stangenbohnen an Zeltgestängen hochklettern lassen, weil sie ab Frühsommer blühen, also bevor die Bohnen in die Höhe wachsen. Ihr Duft ist betörend, und die Schmetterlingsblüten in zarten Farben eignen sich gut zum Schneiden. Ich stelle Vasen mit Wicken im Haus und auf dem Gartentisch auf, denn je mehr Blüten man abschneidet, desto mehr neue werden gebildet.

Meine Lieblingssorten sind 'Dorothy Eckford' (weiß), 'Cupani Original' (violett und stark duftend), 'Painted Lady' (zweifarbig hell- und dunkelrosa) und 'Black Knight' (schwärzliches Dunkelrot). Jungpflanzen werden selten angeboten, aber die Aussaat ist unkompliziert und macht Spaß, weil man schon zeitig im Frühling beginnen kann. Näheres zur Aussaat lesen Sie auf *S. 59*.

### Kosmee

Ich liebe die zarten Blüten, die auf hohen Stielen über gefiedertem Laub wippen. Jedes Jahr bilden sie einen kleinen Dschungel in meinem Garten, recken ihre Hälse über Kürbisse, Tomaten und Erdbeeren. Sie verdecken die hässlichen Stellen im Küchengarten, füllen ungenutzte Ecken aus und wirken dabei so schön leicht und heiter.

Eine Tüte der Sorte 'Sensation Mixed' bringt von Anfang Juni bis Ende Oktober Blüten in Weiß, Hellrosa und Pink hervor. Im mittleren Frühling je zwei

Samen in Töpfe (7 cm) legen, nur sehr dünn mit Erde bedecken und später den schwächeren Sämling entfernen. Im Spätfrühling auspflanzen, wenn sie etwa 15 cm hoch sind. Wenn sie staksig aussehen, die Spitzen abknipsen, damit sich Seitentriebe bilden. Mit 30 cm Abstand an einem sonnigen Platz in Gartenboden pflanzen, der mit Kompost oder verrottetem Stallmist verbessert wurde. Den Sommer über verwelkte Blüten regelmäßig entfernen, um die Bildung neuer Blüten anzuregen.

### Mogeln erlaubt: Ausgejätet

Einjährige Blumen wie Kapuzinerkresse und Kosmeen säen sich leicht selbst aus. Samen, die im Spätsommer zu Boden fallen, keimen im Frühling oft. Zupfen Sie die Jungpflanzen nicht aus. Lassen Sie sie wachsen, dann brauchen Sie nicht jedes Jahr neue Saat zu kaufen. Eventuell später umpflanzen.

### Dufttabak (Nicotiana sylvestris)

Diese Blumen haben große, duftende Blätter und weiße Trompetenblüten, die den ganzen Sommer über erscheinen und sich über niedrigere Nachbarpflanzen erheben. Die Blüten duften vor allem in der Abenddämmerung süßlich und intensiv.

Die winzigen Samen zeitig im Frühling behutsam in eine Anzuchtschale mit Einzelzellen säen, auf eine sonnige Fensterbank stellen und später bis auf einen Sämling pro Zelle auszupfen. Den Sämling in einen 7-cm-Topf umpflanzen, wenn ihm seine Zelle zu eng wird. Später ins Beet auspflanzen.

### Kalifornischer Mohn

Das intensive Orange der Blüten sorgt garantiert für gute Laune. Hier und da in Grüppchen in Beeten und Kübeln verteilt, ziehen die Blumen Blicke, Schmetterlinge und Bienen an. Entweder im Spätfrühling direkt ins Beet säen oder (meiner Erfahrung nach der sichere Weg) im mittleren Frühling in Schalen oder kleinen Töpfen vorziehen und später auspflanzen. Kalifornischer Mohn sät sich in Folgejahren selbst aus.

### Kletterpflanzen

Kletterpflanzen empfehlen sich für einen Zaun oder eine Mauer im Nutzgarten. Viele sind mehrjährig und sorgen für Struktur und Farbe, außerdem locken sie bestäubende Insekten an. Am Spalier meines winzigen Stadtgartens wächst ein Jasminblütiger Nachtschatten (braucht Winterschutz), der fast ganzjährig Blüten bildet, neben zweierlei Geißblatt, einem Jasmin, einem Blauregen und zweierlei Clematis. Sie verwischen die Gartengrenzen und konkurrieren – regelmäßig geschnitten – nicht mit Ihrem Obst und Gemüse.

### Tulpen

Die Zwiebeln im Herbst in Beete und Töpfe Pflanzen. Weiße Tulpen sehen über Salatköpfen großartig aus.

### Zierlauch

Ein wahres Blütenfeuerwerk liefert *Allium christophii*: riesige Kugeln aus sternförmigen Blüten in mattem Dunkelrosa auf einem hohen Stiel. Eindrucksvoll. Zwiebeln im Frühherbst in Kübel oder Beete pflanzen.

### Dahlien

Dahlien gibt es mit Blüten in faszinierenden Farben und Formen. Meine 'Bishop of Llandlaff' mit dunkelroten Blüten und rötlichen Blättern hat im Spätsommer ihren großen Auftritt. Gepflanzt werden Knollen im Frühling oder Jungpflanzen im Sommer. Man sollte die Knollen im Herbst ausgraben und frostfrei überwintern. Das ist mir zu mühsam, darum decke ich sie nur mit einer dicken Mulchschicht ab. Bisher haben sie so jeden Winter überstanden.

# Paprika und Chili

Eine Chilipflanze voller Früchte in Grün, Orange oder Rot sieht herrlich orientalisch aus. Die Pflanzen sind so schön, dass ich jedes Jahr Chili pflanze, obwohl ich genau weiß, dass in unserer Familie gar keiner scharfes Essen mag. Wer sich allerdings gern die Geschmacksknospen verätzt, hat die Wahl zwischen vielen verschiedenen Chilisorten, vom gelblichen, milden 'Hungarian Hot Wax' über mexikanische Jalapeños bis zu extrafeuriger Vogelaugen-Chili aus Thailand. Bei mir ist die Sorte 'Etna' gut gediehen, aber ich stöbere gern im Internet, weil immer neue Sorten auf den Markt kommen.

In Nordeuropa pflanzt man Chili am besten in Kübel und holt sie im Spätsommer ins Haus, damit die Früchte voll ausreifen können. Sie sehen in knallbunten Töpfen, in Metalleimern oder in großen Blumenkästen gut aus. Wer sie im zeitigen bis mittleren Frühling sät, kann im Frühherbst ernten. Falls die Ernte reich ausfällt, trocknen Sie die Schoten im lauwarmen Backofen und bewahren Sie sie in einem luftdicht schließenden Gefäß auf, um sie später zu zerbröseln und zum Würzen zu verwenden. Unbedingt immer die Hände waschen, bevor Sie sich die Augen reiben!

Milde Gemüsepaprika pflanzen Sie in Kübel und stellen Sie sie an einen sehr sonnigen, gut geschützten Platz. Sie gedeihen gut in Pflanzsäcken (drei Pflanzen pro Sack), denn das Substrat enthält reichlich Kalium, das die Fruchtbildung anregt. Aber die Pflanzen mit den großen Früchten sehen auch in großen Kübeln oder Kästen schön exotisch aus. Gemüsepaprika sind immer zuerst grün und werden im Reifeprozess erst gelb, dann orange und später rot – und gleichzeitig immer süßer. Für Kübel eignen sich kompakte Sorten wie 'Redskin' und 'Antohi Romanian' gut. Italienischer Spitzpaprika wie 'Marconi Rosso' ist ein Tipp für die Kultur in Säcken. Eventuell müssen Sie die Kübel im Herbst ins Haus holen, damit grüne Früchte noch ausreifen.

## *Paprika und Chili säen*

**Wann?** Zeitiges bis mittleres Frühjahr
**Wo?** Im Haus auf einer sonnigen Fensterbank

 Blumentöpfe (7 cm), Universalsubstrat, Chili- oder Paprikasamen, 20 Minuten

**Wie?** Die Töpfe zu drei Vierteln mit Substrat füllen. Je zwei Samen einlegen, dünn mit Substrat bedecken und gießen.

**Und dann?** Wenn die Sämlinge 3 cm hoch sind, den schwächeren entfernen. Die Töpfe möglichst hell stellen und regelmäßig drehen, damit die Pflanzen nicht schief wachsen. Das Substrat feucht halten (aber nicht nass). Näheres zum Auspflanzen von Paprika, Auberginen und Chili lesen Sie auf *S. 84.*

**Was kann schiefgehen?** Bei Jungpflanzen auf Blattläuse *(S. 136)* achten. Schnecken *(S. 36)* können Löcher in die Früchte fressen.

# Grünkohl

Viele Kohlarten pflanze ich nicht, weil sie sehr anfällig für Schädlinge sind und ich keine Lust habe, meinen Garten mit Netzen und Überwachungskameras auszustatten. Für Grünkohl mache ich aber eine Ausnahme. Er ist ungemein robust, kälteverträglich und resistent gegen viele Schädlinge. Außerdem mag ich seinen kräftigen Geschmack. Erstaunlich ist die Vielfalt der Blattformen und -farben, die vom gekräuselten, rötlichen 'Redbor' bis zum fast schwarzen Toskanischen Palmkohl (auch bekannt als Cavolo Nero oder 'Nero di Toscana') reicht. Sie ist meine Lieblingssorte und viel-

leicht die frostverträglichste von allen. Neben bewährten grünen Sorten ist 'Red Russian' empfehlenswert, eine Sorte mit knackigen Blättern mit rosaroten Rippen.

Was ich an Grünkohl besonders mag ist, dass er beharrlich den Saisonschluss im Garten ignoriert. Unerschütterlich bleibt er im Beet stehen, wie eine Mahnung, dass das Leben doch weitergeht. Er wächst selbst an den kältesten, dunkelsten Tagen und bildet Blätter, die gedünstet mit reichlich Butter und schwarzem Pfeffer köstlich schmecken. Auch für Eintöpfe mit kräftiger Wurst *(siehe S. 25)* oder weißen Bohnen eignet er sich bestens. In unserer Familie gehört er auch zu einem winterlichen Braten. Ernten kann man bis ins mittlere Frühjahr. Dann bildet er gelbe Blüten, die Insekten anlocken, die ihrerseits andere Blumen und Nutzpflanzen in der Umgebung bestäuben.

## *Grünkohl säen*

**Wann?** Spätes Frühjahr

**Wo?** Auf einer sonnigen Fensterbank

 Anzuchtschale mit Einzelzellen, Universalsubstrat, Grünkohlsamen, 20 Minuten

**Wie?** Die Zellen bis knapp unter den Rand mit Substrat füllen. Die Schale auf die Tischplatte stoßen, damit sich das Substrat setzt. Mit einer Kanne mit Brausevorsatz gießen und einige Minuten abtropfen lassen. In jede Zelle ein Samenkorn legen und nur dünn mit Substrat bedecken.

**Und dann?** Die Sämlinge feucht halten. Hinweise zum Auspflanzen finden Sie auf S. 97.

# Sommer

Vor der Arbeit barfuß durch den Garten schlendern und eine Handvoll Himbeeren oder Blaubeeren fürs Müsli sammeln. Der Duft frisch gepflückter, sonnenwarmer Tomaten. Kapuzinerkresse, die sich zwischen die roten Blüten von Stangenbohnen drängelt. Grillduft. Das ist Sommer, die schönste Zeit des Jahres, natürlich auch im Garten. Nun kommen die milden Abende, an denen man mit Freunden draußen sitzt, Pimm's mit frischen Erdbeeren und Minze trinkt und Bruschetta mit einem himmlisch dicken Belag aus Tomaten und Basilikum aus eigener Ernte genießt. Im Frühsommer gibt es im Garten noch allerlei zu tun. Tomaten, Bohnen, Zucchini, Gurken, Auberginen, Mais und Chili wollen gepflanzt werden. Sie können auch noch Erbsen, Rote Bete, Salat und Möhren säen. Doch danach dürfen sie im Garten faulenzen, die meiste Arbeit ist getan. Sie müssen nur ab und zu gießen, vielleicht düngen – und ernten. Statt an der Supermarktkasse Schlange zu stehen, gehen Sie einfach fünf Minuten in den Garten, um Zucchini, Bohnen, Erdbeeren und Himbeeren zum Abendessen zu pflücken. Ein zünftiger Strohhut und ein Erntekorb wären passend, aber es geht natürlich auch ohne.

## Wenn Sie nur für drei Dinge Zeit haben ...

Tomaten pflanzen, Erdbeeren pflanzen, Bohnen säen

Tomaten

Erdbeeren

Busch- oder Stagnen-bohnen

# Endlich Sonne!

Ob Sie einen Garten oder nur ein paar Blumenkästen haben: Jetzt ist Erntezeit. Genießen Sie Dicke Bohnen und Buschbohnen, Möhren, Kräuter, Blattsalate, Zucchini, Gurken, Feigen, Tomaten, Mangold, Rucola, Heidelbeeren, Pfirsiche, Pflaumen, Erdbeeren, Himbeeren, Kirschen, Aprikosen, Brombeeren, Knoblauch, Rote Bete, Zuckererbsen und zum Spätsommer hin Stangenbohnen. Auch Blumen blühen in allen Farben: Kosmeen, Zierlauch, Kapuzinerkresse, Dahlien und Kletterpflanzen sorgen zwischen den Nutzpflanzen für Schönheit. Gerade jetzt wollen Sie in Urlaub fahren und all die schönen Früchte sollen verkommen?

 **Tipps für den Urlaub**

Gärtner können eigentlich nicht verreisen. Niemals. Es sei denn, sie machen sich darauf gefasst, den Garten nach der Rückkehr nicht wiederzuerkennen. Selbst allernetteste Nachbarn oder Verwandte können die Pflanzen nicht so sorgsam gießen, wie Sie es tun würden, geschweige denn Verblühtes ausputzen, anbinden, schneiden und all die anderen liebevollen Handgriffe erledigen, die Sie Ihrem Garten angedeihen lassen. Oft ist die Gartenurlaubsvertretung zu sparsam mit dem Wasser, vor allem für die Kübelpflanzen. Bestechen Sie sie mit ganzen Camemberts, Salamis oder einem Wochenendtrip ins Languedoc oder was immer Ihnen einfällt, um sie zum Gießen zu animieren. Weisen Sie sie vor der Abreise noch einmal besonders auf Blumenkästen, Ampeln und Kübel hin, die auch an Regentagen Wasser brauchen. Schließlich ist ein dichter Blattschopf ein wirkungsvoller Regenschutz.

Wenn Sie gar keine hilfsbereiten Nachbarn haben oder Ihnen nicht die nötige Sorgfalt zutrauen, könnten Sie sich ein automatisches Bewässerungssystem mit Zeitschaltuhr anschaffen *(siehe S. 140)*. Das mag kompliziert klingen, aber eigentlich sind solche Systeme ganz einfach zu installieren. Sie erledigen die Bewässerung von Beeten und Kübeln selbsttätig, sodass Sie übers Wochenende oder auch länger verreisen können und nur sicherstellen müssen, rechtzeitig zum Flughafen zu kommen.

## Projekt fürs Wochenende: Salatkorb mit Pepp

Die Hängeampel mit den roten und grünen Blattsalaten, den gezähnten Rucolablättern und den niedlichen Hornveilchen in Violett und Gelb sieht bezaubernd aus. Und weil sie schön hoch hängt, ist sie vor Schnecken bestens geschützt.

*SIE BRAUCHEN*
*1 Hängeampel mit Dränagelöchern*
*1 Handvoll Silica-Gelkristalle oder Blähton*
*Universalsubstrat*
*3 Salatjungpflanzen 'Green Salad Bowl'*
*3 Salatjungpflanzen 'Red Salad Bowl'*
*5 Hornveilchen*
*6 Jungpflanzen wilde Rauke*
*30 Minuten*

Vor dem Pflanzen eine Handvoll Gelkristalle unter das Substrat mischen, so wird Wasser besser gehalten *(siehe S. 13)*.

Die Ampel bis knapp unter den Rand mit Substrat füllen. Die Salatpflanzen ringsum mit 6 cm Abstand zum Korbrand einsetzen. Dann am Rand abwechselnd Rauke und Hornveilchen pflanzen. Andrücken, gießen und an einem sonnigen oder halbschattigen Platz aufhängen. Das Substrat feucht halten.

Einfach mit der Schere nach Bedarf Blätter abschneiden. Die Blüten der Hornveilchen schmecken pfeffrig und eignen sich als Garnierung für den Salat. Wenn Sie Salat und Rauke jeweils über dem kleinsten neuen Blatt schneiden, treiben sie mehrmals wieder aus.

# Erdbeeren

In einem unglückseligen Schneckensommer fiel meine Erdbeerernte unerwartet gering aus. Das wäre eigentlich nicht schlimm, aber ich hatte Freunde zum Essen eingeladen und schon Baiserschalen und Sahne gekauft. Also musste ich Erdbeeren kaufen. Im Laden. Kein gutes Gefühl.

Später mogelte ich die wenigen Beeren, die dem Schneckenangriff entgangen waren, unter die gekauften und fragte meine Freunde, ob sie den Unterschied schmeckten. Sie sagten, meine seien viel süßer und leckerer – aber ich stand auch mit der Astsäge hinter ihnen.

Erdbeeren wecken in vielen Menschen wahre Gartenleidenschaft. Vielleicht liegt es daran, dass es die ultimativen Sommerfrüchte sind. Oder dass es so ungemein sinnlich ist, eine sonnenwarme Erdbeere direkt von der Pflanze zu naschen. Ich glaube, es hat auch

damit zu tun, dass die Samen außen sitzen. Man muss sich nicht vor etwas Hartem im Inneren der Frucht hüten.

Erdbeeren gehören einfach in den Naschgarten, auch wenn er noch so winzig ist. Und wenn der Platz nur für einen Haken an der Wand reicht, hängen Sie eine Ampel auf, um saftige, vollreife Früchte zu pflü-

## Nicht ertränken: Der Drucktest

Erdbeeren faulen in nassem Boden. Um zu prüfen, ob Sie zu viel gießen, drücken Sie eine Handvoll Erde zusammen. Fließt Wasser durch die Finger, ist der Boden entschieden zu nass. Verschieben Sie das nächste Gießen ein bisschen.

cken. Sie schmecken um Längen besser als gekaufte Erdbeeren, die unreif geerntet werden müssen, um den Transport zu überstehen. Wenige Pflanzen genügen schon für ein paar Desserts mit frischer Sahne, fruchtig-süßes Müsli oder einen leckeren Smoothie *(siehe S. 72)*.

Die Pflanzen mit den gebuchteten Blättern und den weiß-gelben Blüten sehen niedlich aus, und ich schaue auch gern zu, wie das buttergelbe Kissen in der Mitte langsam zu einer Frucht anschwillt. Erdbeeren sind anpassungsfähig und gedeihen im Beet ebenso gut wie in Töpfen, Blumenkästen oder Ampeln, aus denen die Früchte verführerisch herabhängen. Eine Reihe einzelner Pflanzen in Tontöpfen sieht auf dem Fenstersims bezaubernd aus, und als Beetkante vermitteln sie den Charme eines Bauerngarten.

Es gibt verschiedene Erdbeersorten, die zu unterschiedlichen Zeiten reifen, sodass man über einen langen Zeitraum ernten kann. So tragen beispielsweise 'Gariguette', 'Elianny' oder 'Elvira' im Frühsommer, 'Cambridge Late Pine' im Hochsommer und 'Malling Pearl' im Spätsommer. Einige Händler bieten Sortimente von Sorten mit verschiedenen Reifezeiten an. Alternativ könnten Sie Sorten kaufen, die zweimal im Jahr tragen. Dazu gehören 'Aromel', 'Viva Rosa' und 'Mara de Bois', deren Früchte so groß wie Kulturerdbeeren sind, aber intensiv wie Wildsorten schmecken.

Auch wilde Walderdbeeren sind nicht zu verachten. Die Früchte sind winzig und nicht im Laden zu haben, aber sie schmecken so intensiv, dass schon ganz wenige Früchte auf einem Dessert für vollen Genuss sorgen. Siehe auch Tipp, oben rechts.

## Erdbeeren pflanzen

**Wann?** Normalerweise pflanzt man im Spätsommer oder Frühherbst für die Ernte im folgenden Jahr. Jungpflanzen werden meist wurzelnackt verkauft und müssen rasch gepflanzt werden, damit sie nicht vertrocknen. Gelegentlich bekommt man auch Jungpflanzen in Töpfen. Jungpflanzen aus dem Kaltlager werden im Frühling gepflanzt und tragen noch im gleichen Jahr *(siehe S. 48)*.

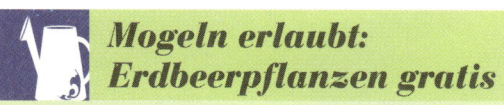

## Mogeln erlaubt: Erdbeerpflanzen gratis

Erdbeerpflanzen sind ungemein freundlich. Sie tragen nicht nur reichlich saftige Früchtchen, sondern sorgen auch für Nachwuchs. Im Hochsommer bilden die Pflanzen Ausläufer. Das sind lange Stiele, an deren Enden Jungpflanzen sitzen. Wer keine neuen Pflanzen braucht, schneidet die Stiele einfach dicht an der Mutterpflanze ab. Wer Nachwuchs wünscht, setzt die Jungpflanzen – zunächst ohne den Stiel abzuschneiden – in Töpfe mit Substrat und fixiert sie mit einem Stein oder einem Stück Draht im Erdreich. Nach einigen Wochen haben die Jungpflanzen eigene Wurzeln und können »abgenabelt« werden. Und im Frühherbst können Sie die Pflanzen in Abständen von etwa 30 cm ins Beet pflanzen. Sie tragen schon im nächsten Jahr Früchte.

## In Töpfen

**SIE BRAUCHEN**

 Einen passenden Kübel mit Dränagelöchern, Universalsubstrat, Erdbeerpflanzen, 45 Minuten

**Wie?** Eine Schicht Tonscherben auf den Kübelboden legen. Den Kübel zu zwei Dritteln mit Substrat füllen.

In Blumenkästen und Ampeln mischen Sie eine Handvoll Silica-Gelkristalle oder Blähton unter das Substrat. In einen Kübel oder eine Ampel mit 30 cm Ø passen drei Pflanzen, in einen Pflanzbeutel sechs. In einem traditionellen Erdbeertopf können Sie in jeden »Balkon« eine Pflanze setzen. Geben Sie aber reichlich Tonscherben auf den Topfboden, damit die unteren Pflanzen nicht an Staunässe leiden.

In einem Blumenkasten halten Sie Abstände von 20 cm ein. Die Wurzeln auf der Substratoberfläche ausbreiten, damit sie nicht gequetscht werden, und die Gefäße mit weiterem Substrat füllen. Gießen und an einen sonnigen oder halbschattigen Platz stellen. Erdbeeren sind Waldpflanzen und gedeihen auch im lichten Schatten. In der Sonne werden die Früchte aber süßer.

## Im Beet

### SIE BRAUCHEN

 Erdbeerpflanzen, 45 Minuten

**Wie?** Einen sonnigen oder halbschattigen Platz mit gutem Boden suchen, der möglichst vorher mit Kompost oder Stallmist angereichert wurde. Pflanzlöcher in Abständen von 30 cm ausheben und in jedes eine Pflanze setzen. Die Wurzeln strahlenförmig ausbreiten, damit sie nicht beengt werden. Erde auffüllen, andrücken und gießen.

**Achtung:** Der Wurzelhals – das ist der Teil in der Mitte, aus dem neue Blätter wachsen – sollte über der Erdoberfläche liegen, damit er nicht fault. Aber auch nicht zu hoch pflanzen, sonst trocknet er aus.

**Und dann?** Feucht halten, bis die Pflanzen angewachsen sind. Wenn sich kleine Früchte bilden, Pflanzen in Kübeln und Kästen alle zwei Wochen mit flüssigem Algendünger versorgen. Die Blätter im Spätsommer, wenn sie gelb werden, 10 cm über dem Boden abschneiden, damit sich im Winter keine Krankheitserreger ansiedeln. Monatserdbeeren werden nicht abgeschnitten. Pflanzen im Beet tragen drei Jahre lang gut, Pflanzen in Kübeln nur zwei Jahre. Dann sollten sie ersetzt werden. Das macht aber kaum Mühe, denn man kann leicht aus Ausläufern Nachwuchs ziehen.

**Was kann schiefgehen?** Schnecken *(siehe S. 36)* sind der Hauptfeind. Ich schwöre, dass sie telepathische Fähigkeiten haben. Ich beobachte meine Früchte genau, und wenn sie perfekt aussehen, gebe ich ihnen noch einen Tag, damit sie zuckersüß werden. Und wenn der nächste Morgen graut, haben sie allzu oft doch ein Schneckenloch. Seien Sie wachsam!

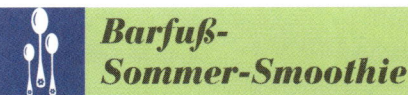

## Barfuß-Sommer-Smoothie

Ein Wochentag im Sommer. Sie wachen auf und haben eine halbe Stunde, um sich fertig zu machen. Schnell leicht geschürzt in den Garten springen, eine Handvoll reifer Erdbeeren pflücken und in Minutenschnelle haben Sie einen erfrischenden Frühstücksdrink voller Vitamine als perfekten Start in den Tag – und immer noch genug Zeit, um den Bus zu erwischen. Das Rezept ist kinderleicht und in fünf Minuten fertig. Statt Erdbeeren können Sie auch Himbeeren, Heidelbeeren, Brombeeren oder eine Mischung verwenden. Es kann gar nichts schiefgehen, und jede Kombination schmeckt umwerfend.

*FÜR 1 PORTION*
*4 große Eiswürfel*
*200 g reife Erdbeeren*
*2–3 EL griechischer Joghurt*
*1 EL Honig*
*Minzeblätter (nach Belieben)*

Die Eiswürfel in ein sauberes Geschirrtuch wickeln und mit einer Backrolle fein zerschlagen (das ist nicht so mühsam wie es klingt). Die Erdbeeren in Stücke schneiden. Mit Joghurt, Eis und Honig in einen Becher geben und mit einem Pürierstab einige Sekunden lang durchmixen, bis die Mischung cremig ist. Nach Geschmack mit Honig nachsüßen und vielleicht noch mit einer halben Erdbeere garnieren. Wer Gäste optisch verwöhnen will, kann den Smoothie noch mit einigen Minzeblättern garnieren.

# TIPPS FÜR DEN SOMMER

## Richtig gießen

Dass ich gartenbesessen war, erkannte ich eines Tages, als ich einen TV-Krimi sah. Der Verdächtige goss Blumen in seinem Garten und bespritzte in der Mittagshitze die Blütenblätter mit Wasser. »Nein«, schrie ich den Bildschirm an. »Du quälst sie!« Ich weiß nicht mehr, wer der Täter war, aber ich wusste genau, wer ein Verbrechen an den Blumen begangen hatte.

Ihre Pflanzen werden es Ihnen danken, wenn Sie die folgenden Tipps beherzigen:

**Gießen Sie die Erde im Wurzelbereich, nicht die oberirdische Pflanze.** Die Wurzeln brauchen Wasser, nicht die Blätter.

**Gießen Sie an heißen Tagen morgens und abends.** Wenn Sie bei Sonnenschein gießen, können Blüten und Blätter verbrennen, und das Waser verdunstet schnell wieder.

**Die Wurzeln durchfeuchten, nicht nur besprenkeln.** Ein paar Sekunden mit dem Daumen vor dem Schlauch feuchten nur die Oberfläche an.

## Zeltstangen, Obelisken und andere hübsche Kletterhilfen

Stangenbohnen, Wicken, Kürbisse, Gurken, Zucchini und Erbsen sehen schön aus, wenn sie an Zeltstangen in die Höhe klettern, eine Pergola oder einen Rankbogen begrünen. Kletterhilfen im Beet oder in großen Kübeln lenken den Blick in die Höhe.

Obelisken kann man schon für wenig Geld im Gartencenter kaufen. Man braucht sie nur in die Erde zu stecken – fertig. Noch preiswerter ist es, fünf lange Stangen kreisförmig in den Boden zu stecken und oben zusammenzubinden. Wer einen modernen Stil mag, kann Obelisken aus Metall verwenden oder eine Stange aufstellen und daran Schnüre festbinden, an denen die Pflanzen klettern. Natürlicher und ländlicher sehen Kletterhilfen aus Weiden- oder Haselruten aus. Ich lasse meine Rankhilfen im Winter stehen, weil sie auch ohne Pflanzen gut aussehen. Rankbögen sind ein gutes gestalterisches Mittel für die Vertikale, denn die meisten Kübel sind bepflanzt ja kaum hüfthoch. Fertige

Modelle aus Metall oder Holz müssen nicht teuer sein. Man stellt sie einfach über einem Weg auf, pflanzt Kürbisse, Bohnen oder Kletterrosen an beide Seiten und schafft im Nu britisches Cottage-Ambiente.

Wichtig ist, solche Kletterhilfen an einem geschützten Platz zu errichten und vor der Bepflanzung sicher im Boden zu verankern. Ein Stangenzelt voller Kletterbohnen hat ein stattliches Gewicht und bietet kräftigem Wind viel Angriffsfläche. Ich habe im letzten Sommer die komplette Bohnenernte verloren, weil ein Wigwam bei Sturm umkippte und alle Pflanzen ausgerissen wurden. Das war ein Jammer.

An Wandspalieren und Zäunen ranken Kletterpflanzen geschwind in die Höhe, allerdings sollte man sie ab und zu anbinden.

## Algen sammeln am Strand?

Ich erwähne in diesem Buch immer wieder Algendünger. Sie brauchen nun aber nicht an den Strand zu fah-

ren und eimerweise Algen zu sammeln, denn solchen Dünger kann man bequem in Flaschen kaufen. Geben Sie einfach eine Kappe voll Dünger zum Gießwasser und verteilen Sie es auf der Erde oder dem Substrat rings um die Pflanzen. Wie oft? Normalerweise wöchentlich oder alle vierzehn Tage. Sie müssen es aber nicht allzu genau nehmen, denn Pflanzen haben keinen Kalender.

Früher habe ich in Gartenbüchern die Kapitel über das Düngen immer überschlagen. Das klang alles so technisch und hatte bestimmt mit stinkenden Pülver-

chen und komplizierten Messverfahren zu tun. Aber dann kaufte ich eine Flasche Tomatendünger (das war einfach, denn auf dem Etikett waren Tomaten abgebildet) und stellte fest, dass man nur eine Kappe der braunen Flüssigkeit vor dem Gießen in die Kanne schütten musste. Wenn Sie Ihre Pflanzen nicht düngen, passiert nichts Schreckliches. Sie sterben nicht ab. Die Pflanzen bilden einfach weniger Tomaten, Chilis, Zucchini oder Erdbeeren, oder die Früchte sind kleiner und weniger aromatisch. Vielleicht tragen die Pflanzen auch nicht so lange. Am besten kaufen Sie Dünger, der die Blüten-

und Fruchtbildung fördert. Mit Tomatendünger machen Sie nichts falsch, er eignet sich auch für andere Pflanzen. Ich mag Algendünger, weil er organisch ist und gute Ergebnisse bringt. Es gibt eine Menge sonderbarer Düngemittel, die ich eher eklig finde. Früher zerdrückte man faulenden Fisch mit dem Spaten und grub ihn unter. Gestandene Schrebergärtner schwören auf Hühnermist oder Blut-, Fisch- und Knochenmehl. Ich finde, dagegen ist ein schwacher Algengeruch direkt eine Wohltat. Nicht übel sind allerdings Hornspäne. Die werden gleich beim Bepflanzen unter das Substrat gemischt und wirken als Langzeitdünger. Praktisch!

### *Geplatzte Tomaten*

Zu Beginn der Erntesaison werden meine Tomaten meist direkt von der Pflanze gegessen. Wenn die Haut platzt, sind sie noch nicht verdorben. Man kann sie im Ofen mit Knoblauch und Olivenöl grillen – wunderbar herb-süßlich zu Lamm und Würstchen. Oder mischen Sie sie nach griechischer Art mit Feta, Olivenöl, Oliven und Thymian – Baguettebrot zum Aufsaugen des Suds nicht vergessen. Natürlich kann man sie auch mit Zwiebeln, Knoblauch und Oregano zu einer leckeren Pastasauce verarbeiten.

## ÄUSSERLICHKEITEN ZÄHLEN DOCH

Pflanzen Sie ruhig, wie und wo sie wollen. Gesunde Pflanzen sehen immer gut aus, aber manchmal macht es Spaß, ein bisschen zu gestalten. Dabei besteht lediglich die Gefahr, dass man den Salat nicht mehr ernten mag, weil sonst das akkurat symmetrische Schachbrettmuster in Rot und Grün gestört wäre.

### *Abstufungen*

Achten Sie beim Anlegen eines Beets auf die Höhen der Pflanzen. Manche sind so hoch, dass sie sich als Zentrum anbieten, etwa Artischocken oder bronzefarbener Fenchel, der fast 2 m hoch wird. Sie könnten auch ein Stangenzelt mit Bohnen, Kapuzinerkresse oder Wicken als Blickfang aufstellen. Oder gefällt Ihnen ein gekaufter Bogen oder eine Pergola besser? *(siehe auch S. 74)*

### *Mogeln erlaubt: Tomaten pflücken*

Natürlich können Sie Tomaten ernten, wie Sie mögen. Besonders einfach und ohne Beschädigung geht es aber, wenn Sie die leicht abgewinkelte Stelle am Stiel jeder Frucht etwas herabdrücken. So löst sich die Frucht mitsamt dem Stern aus grünen Kelchblättern, die Haut bleibt intakt und die Frucht hält sich länger. Außerdem hört sich das leise Knackgeräusch so schön an. Aber das ist vielleicht nur meine Meinung.

## Mogeln erlaubt: Lücken füllen

Sie haben im Sommer viele ausgesät, und jetzt stehen Garten oder Terrasse voll schöner Pflanzen, stimmt's? … Nein? Manchmal läuft es im Leben anders. Vielleicht mussten Sie oft Überstunden machen. Vielleicht waren Sie im Urlaub. Oder Sie haben es einfach nicht geschafft. Wenn Sie keine Zeit zum Aussäen hatten, können Sie trotzdem in diesem Sommer Salat, Kräuter, Obst und Gemüse ernten.

Im Gartencenter und auf dem Wochenmarkt bekommt man jede Menge Jungpflanzen, mit denen Sie Ihren Küchengarten an einem einzigen Wochenende auffüllen können. Vielleicht ist die Sortenauswahl bei Jungpflanzen geringer als bei Samen, doch das Angebot wird von Jahr zu Jahr besser. Sie meinen, das ist gemogelt?
Ach wo, das merkt doch keiner!

## Passen die Möhren zu meinen neuen Schuhen?

Nicht nur Blumen gibt es in verschiedensten Farben und Formen, auch bei Obst und Gemüse haben Sie tolle Kombinationsmöglichkeiten. Probieren Sie mal ungewöhnliche Farben aus, vielleicht violette Buschbohnen, 'Tromboncino'-Kürbisse, schwarze Tomaten, gelbe Zuckererbsen oder violette Artischocken. Kombinieren Sie fiedriges Möhrengrün mit glänzenden Mangoldblättern. Setzen Sie das hohe, duftige Laub von Fenchel in Szene, indem Sie als Kontrast stattliche Kohlköpfe oder großblättrige Auberginen daneben pflanzen. Salat gibt es in Grün und Rot, glatt und kraus. Pflanzen Sie ihn in Wellenlinien, Kreuzen, Dreiecken, Quadraten, Schachbrettmustern.

## Mit dem Rücken zur Wand

Klassiker zur Wandbegrünung sind Brombeeren, blühende Kletterpflanzen und Spalierobst wie Pflaumen, Kirschen oder Pfirsiche. Aber auch Tomaten kann man an Schnüren vor einem Zaun ziehen. Stangenbohnen und Kürbisse erobern Spaliere ebenso mühelos wie Wicken, Gurken und kletternde Zucchini.

## Kombispaß

Wenn der Garten etwas langweilig aussieht, helfen meiner Meinung nach Blumen. Mein Nutzgarten besteht zu zwei Dritteln aus Obst und Gemüse und zu einem Drittel aus Blumen. Das ist ein günstiges Verhältnis. Im Hochsommer, wenn sich Kosmeen, Zierlauch und Dufttabak aufrecken und Kapuzinerkresse orangefarbene Teppiche bildet, sieht man die Nutzpflanzen kaum.

## Kanten

Eine Randbepflanzung aus krauser Petersilie, Thymian, Schnittlauch, gezackter Rauke, Senfspinat oder Erdbeeren sieht schön aus. Wählen sie niedrige Pflanzen (damit man sieht was dahinter wächst), die sich nicht zu stark ausbreiten.

## Pesto aus dem Garten

Ein schnelles Sommeressen mit Basilikum und Knoblauch aus eigener Ernte.

**FÜR 2 PERSONEN**
1 Handvoll Pinienkerne
6 EL frisch gehackte Basilikumblätter
1/2 Knoblauchzehe
1 Handvoll frisch geriebener Parmesan
Olivenöl, Meersalz und Schwarzer Pfeffer
aus der Mühle

Die Pinienkerne ohne Fett in der Pfanne 2–3 Minuten hell anrösten. Im Mixer mit Basilikum, Knoblauch und Parmesan zerkleinern. Bei laufendem Motor langsam das Olivenöl zugießen, bis eine dicke, glänzende Paste entsteht. Abschmecken. Den Pesto unter frisch gekochte, heiße Nudeln rühren. Nach Belieben mit Parmesan bestreuen.

# Projekt fürs Wochenende: Das kommt mir griechisch vor

Für einen griechischen Salat kann sich im Sommer jeder begeistern. Pflanzen Sie doch alle Zutaten an: saftige Tomaten, knackige Gurken, Kopfsalat und Oregano. Dann kaufen Sie nur noch Feta und schwarze Kalamata-Oliven.

*SIE BRAUCHEN*
*2 große Kübel (mindestens 45 cm Ø)*
*mit Dränagelöchern, Universalsubstrat,*
*1 kleinen Obelisken, Gartenschnur*
*2 Gurkenjungpflanzen, Freilandsorte*
*7 oder mehr Salatsämlinge, am besten*
*Mini-Romana wie 'Little Gem', 'Xanadu' oder*
*'Pinokkio'*
*1 Tüte Samen für Frühlingszwiebeln*
*2 niedrige Tomatenpflanzen, z. B. 'Red Alert'*
*oder 'Tumbling Tom Red'*
*1 Jungpflanze Griechischer Oregano*
*1 Stunde*

Auf den Boden jedes Kübels eine Schicht Tonscherben legen. Die Kübel bis knapp unter den Rand mit Substrat füllen. In die Mitte eines Kübels den Obelisken stellen, rechts und links die Gurken pflanzen und locker mit Gartenschnur anbinden. Ringsum am Rand in Abständen von 15 cm die Salatpflanzen einsetzen. In die Lücken einige Frühlingszwiebelsamen streuen und dünn mit Substrat bedecken. In den zweiten Kübel Tomaten und Oregano pflanzen. Das Substrat andrücken und durchdringend gießen.

Regelmäßig wässern und alle zwei Wochen flüssigen Algendünger geben. Wenn die Zwiebelsämlinge so groß sind, dass man sie gut greifen kann, auf Abstände von 3 cm ausdünnen. Die ausgesonderten Sämlinge kann man gleich essen.

Wenn die Gurkenpflanzen fünf oder sechs Blätter haben, die Triebspitzen ausknipsen. Dann bilden sich Seitentriebe, die angebunden werden. Sobald sich Früchte bilden, alle zwei Wochen Algendünger verabreichen.

## Tomaten auspflanzen

Wenn ganz sicher kein Nachtfrost mehr droht – normalerweise ab Mitte Mai – dürfen Tomatenjungpflanzen ins Freie umziehen. Sobald sich kleine Früchte bilden, alle zwei Wochen Algendünger ins Gießwasser geben.

### Im Beet

Suchen Sie einen geschützten, sonnigen Platz mit Boden, der im Frühling mit Kompost oder Stallmist angereichert wurde. Tomaten stammen aus warmen Breitengraden, und die Früchte brauchen möglichst viel Sonne, um auszureifen.

Hohe Sorten pflanzen Sie am besten an eine Mauer oder einen Zaun. Eine Schnur im Boden fixieren, einige Male um den Pflanzenstiel wickeln und zur Oberkante der Mauer spannen. Wenn die Pflanze wächst, jede Woche den Stiel einmal um die Schnur winden. Selbst große Pflanzen mit vielen Früchten bekommen so sicheren Halt. Auch an einem Obelisken sehen hohe Tomatenpflanzen hübsch aus. Den kahlen Fuß der Pflanze können Sie mit einer oder zwei Kapuzinerkressepflanzen kaschieren, die eine Fülle gelber und orangefarbener Blüten bilden. Alternativ pflanzen Sie eine Zucchini, die bald ein Meer aus grünen Blättern treiben wird.

### Im Kübel

In einem Kübel mit mindestens 30 cm Ø pflanzen Sie eine buschige oder drei aufrechte Pflanzen, die an Zeltstangen aus Bambus befestigt werden. Drei aufrechte Tomatenpflanzen passen auch in einen Pflanzbeutel. Bambusstäbe oder an einem Zaun gespannte Schnüre geben ihnen Halt. Buschige oder hängende Sorten wie 'Tumbling Tom Red' (es gibt auch 'Tumbling Tom Yellow') oder 'Red Alert' sehen auch in Ampeln attraktiv aus. Eine Pflanze pro Ampel in Universalsubstrat pflanzen.

**Und dann?** Rispentomaten wachsen aufrecht, Blätter und Fruchtrispen stehen direkt am Haupttrieb. Allerdings bilden sie auch Seitentriebe, wo die Blätter am Trieb ansetzen (den Blattachseln). Lässt man die Seitentriebe stehen, verbrauchen sie Energie und Nährstoffe, die lieber zur Fruchtbildung verwendet werden sollten. Darum sollte man sie »ausgeizen« – einfach mit Daumen und Zeigefinger abbrechen. Wenn man den Bogen einmal heraus hat, ist es einfach und seltsam befriedigend.

Tomaten müssen oft gegossen werden, im Hochsommer meist täglich. Pflanzen in Beuteln und Kübeln trocknen besonders leicht aus. Wenn eine ganze Rispe abgeerntet ist, die darunter stehenden Blätter entfernen, damit mehr Sonne an die restlichen Früchte gelangt und sich keine Krankheiten ausbreiten. Hat eine Pflanze fünf Fruchtrispen gebildet, knipsen Sie die Triebspitze über der obersten Rispe ab. Dann stehen die Chancen gut, dass alle Früchte vor Herbstbeginn ausreifen.

**Was kann schiefgehen?**
Tomaten sind relativ unproblematisch. Manchmal treten Weiße Fliegen oder Blattläuse auf, später in der Saison können Blütenendfäule und Krautfäule vorkommen *(siehe S. 136)*.

# Stangenbohnen

Ja, ich weiß, was Sie denken. »Die pflanzen doch nur Opas an«. Kann schon sein. Stangenbohnen (auch Feuerbohnen genannt) sind der ultimative Klassiker des Schrebergartens, und wir assoziieren sie mit alten Männern, die Socken in Sandalen tragen und Brennnesselwein schlürfen. Ich möchte für dieses unverstandene Gemüse eine Lanze brechen. Ja, Stangenbohnen sind altmodisch. Und ja, wir kennen sie aus der Kindheit als ledrig-faserige Dinger, die viel zu lange gekocht wurden. Schneidet man sie aber mit einem praktischen Bohnenhobel in feine Scheiben, dünstet oder kocht sie nur einige Minuten und serviert sie mit Butter, Salz und Pfeffer, schmecken sie wunderbar, und ich freue mich jedes Jahr auf die Erntezeit. Sie sind mein Lieblingsgemüse – abgesehen von Tomaten, aber die sind ohnehin eine Klasse für sich. Außerdem sind Stangenbohnenpflanzen sehr dekorativ. Mit ihren herzförmigen Blättern und scharlachroten Blüten ranken sie an Zeltstangen oder Obelisken in die Höhe – unverzichtbar für alle, die auf Optik und Geschmack stehen. Ein einziges Stangenzelt versorgt Sie vom Hochsommer bis zum ersten Frost mit Bohnen. Die Pflanzen gedeihen auch im lichten Schatten – gut für alle, die keinen vollsonnigen Garten haben.

Mir gefallen die Sorten 'Painted Lady' mit zarten, rot-weißen Blüten, und 'Scarlet Emperor' mit feuerroten Blüten und sehr schmackhaften Früchten besonders gut. Für Kübel und Ampeln empfehlen sich niedrigere Sorten wie 'Hestia', die nur etwa 50 cm hoch wird.

## Stangenbohnen säen
**Wann?** Frühsommer

### In Töpfen

**SIE BRAUCHEN**

 Einen mittleren bis großen, recht tiefen Kübel mit Dränagelöchern, Universalsubstrat, einen kleinen Obelisken oder fünf Bambusstäbe, Gartenschnur, Samen für Stangenbohnen (Prunkbohnen, Feuerbohnen), 30 Minuten

**Wie?** Eine Schicht Tonscherben auf den Kübelboden legen. Bis knapp unter den Rand Substrat einfüllen. Für eine kletternde Sorte einen Obelisken in den Kübel

## Gute Gesellschaft

Ich säe oft Wicken zusammen mit Bohnen an Obelisken oder Stangen, weil sie früher blühen und schon im Frühsommer einen schönen Anblick bieten.

## Bohnenpracht im Kasten

Knackiger Salat, Bohnen und herrliche Farben – alles in einem Kasten. Geeignet sind niedrige, grüne Buschbohnen, aber die Sorten mit violetten Früchten sehen interessanter aus. Das knallige Orange der Ringelblumen bildet einen tollen Kontrast zu den violetten Bohnen und den leuchtend grünen Salatblättern. Wer keinen Blumenkasten hat, kann einen Kübel mit 45 cm Ø nehmen.

*SIE BRAUCHEN*
*1 großen Blumenkasten mit Dränagelöchern, mindestens 60 cm lang und 20 cm tief*
*Universalsubstrat*
*3 Buschbohnenjungpflanzen, z. B. eine violette Sorte wie 'Purple King' oder 'Blauhilde'*
*6 Jungpflanzen Salat, z. B. 'Little Gem'*
*3 Ringelblumenpflanzen*
*1 Stunde*

Eine Schicht Tonscherben auf den Kübelboden geben, dann bis knapp unter den Rand Substrat einfüllen. Die Bohnen hinten einpflanzen, die Ringelblumen davor. In die Lücken Salatpflanzen setzen. Den Salat als Pflücksalat ernten oder zu Köpfen heranwachsen lassen. Ringelblumenblütenblätter eignen sich als hübsche, essbare Salatdekoration. Gießen und vor einem sonnigen Fenster anbringen. Welke Ringelblumenblüten regelmäßig entfernen, damit neue Blüten gebildet werden.

stellen oder fünf Bambusstäbe ins Substrat stecken und oben zusammenbinden. Beiderseits der Kletterhilfen je ein Samenkorn 5 cm tief ins Substrat stecken. Gekaufte Jungpflanzen werden in Abständen von 10 cm eingesetzt. Niedrige Sorten kommen ohne Kletterhilfe aus und werden einfach in 10-cm-Abständen gesät. In einen Topf mit 30 cm Ø passen fünf Pflanzen. Gießen und an einen sonnigen oder halbschattigen Platz stellen.

## Im Beet

**SIE BRAUCHEN**

 Einen Obelisken oder fünf Bambusstangen, Gartenschnur, Samen für Kletterbohnen (Feuerbohnen, Prunkbohnen), 30 Minuten

**Wie?** Einen sonnigen oder halbschattigen und möglichst windgeschützten Platz mit gutem Boden suchen, der im Vorjahr mit Kompost oder Stallmist angereichert wurde. Den Obelisken oder die Stäbe möglichst fest im Boden verankern, damit der Wind ihnen nichts anhaben kann. Stäbe oben zusammenbinden. Gesät wird wie in Töpfen (siehe oben).

**Und dann?** Unbedingt auf Schnecken achten. Die Schleimer lieben junge Bohnenpflanzen und können über Nacht die Stängel durchfressen. Ich weiß nicht, wie oft ich über die Ursachen für schlappe Stängel nachgegrübelt habe, bis ich den Schneckenschaden dicht über dem Boden entdeckte.
Im Sommer Bohnen regelmäßig gießen, vor allem in Kübeln, und etwa alle drei Wochen mit flüssigem Algendünger versorgen. Wenn die Pflanzen die Spitze ihrer Kletterhilfe erreicht haben, die Triebspitzen abkneifen.

**Was kann schiefgehen?** Abgesehen von Schnecken *(siehe S. 36)* kann schlechte Bestäubung ein Problem sein. Dann haben Sie viele Blüten, aber keine Bohnen. Ursache kann Wassermangel sein, eventuell auch Kälte oder starker Wind, die dazu führen, dass zu wenig bestäubende Insekten unterwegs sind. Wenn das Wetter besser wird, nimmt oft auch der Ertrag zu.

# Buschbohnen

Grüne Bohnen gehören in einen klassischen Nizza-Salat. Leider bekommt man im Handel meist nur abgepackte Ware, die aus Afrika eingeflogen wird. Wenn wir sie nach einem langen Arbeitstag in den Einkaufswagen legen, zwickt das Ökogewissen ein bisschen. Dagegen lässt sich etwas tun: selbst aussäen. Wem sie nicht »ordentlich« genug aussehen, kann man ja beide Enden abknipsen, die Bohnen wie Zinnsoldaten aufreihen und sie in Klarsichtfolie wickeln …

Buschbohnenpflanzen sehen in Kübeln und Kästen toll aus, wenn man Sorten mit Früchten in Grün, Gelb und Violett kombiniert. Geben Sie den Sensibelchen einen geschützten Platz und säen Sie erst, wenn der Sommer wirklich stabil ist. Kletterer schlingen sich an Stangen empor, niedrige Sorgen bilden ein Dickicht aus üppigem Blattwerk.

Kletternde Sorten wie 'Blue Lake a grano nero', die gelbe 'Neckargold' oder die blaue 'Purpurkönigin' werden wie Stangenbohnen gezogen. Vielleicht mögen Sie auch 'Borlotti Lingua di Fuoco', eine kletternde Sorte aus Italien mit attraktiven, rot-grün gefleckten Hülsen? Wer wenig Platz hat, kann Zwergsorten wie 'Safari', 'Tendergreen', 'Purple Teepee' und die leuchtend gelbe Wachsbohne 'Rocquencourt' säen, die auch in Töpfen üppig wachsen und reich tragen. Pflückt man regelmäßig, werden immer neue Hülsen gebildet. Besser ist es aber, alle 14 Tage nachzusäen.

## *Buschbohnen säen*

**Wann?** Früh- bis Spätsommer

### In Töpfen

 Einen mittelgroßen bis großen Kübel mit Dränagelöchern, Universalsubstrat, Samen für Buschbohnen, einen Obelisken oder 5 Bambusstäbe für kletternde Formen, Gartenschnur (für kletternde Formen), 20 Minuten

**Wie?** Wie Stangenbohnen säen, allerdings mit etwas geringeren Abständen. In einen Topf mit 30 cm Ø passen 6–8 Pflanzen.

### Im Beet

 Samen für Buschbohnen, Gartenschnur und einen Obelisken oder fünf Bambusstäbe (für kletternde Formen), 20 Minuten

**Wie?** Wie Stangenbohnen säen *(siehe S. 81)*, aber Buschbohnen brauchen mehr Sonne.

**Und dann?** Kletternde Formen anfangs um ihre Stützen wickeln, bis sie selbst Halt finden. Auf Schnecken achten und regelmäßig gießen, vor allem Pflanzen in Kübeln. Sobald sich kleine Bohnen bilden, alle zwei Wochen flüssigen Algendünger geben.

**Was kann schiefgehen?** Unbedingt auf Schnecken *(siehe S. 36)* und Blattläuse *(siehe S. 136)* achten und diese bekämpfen.

## Auberginen, Paprika und Chili auspflanzen

Wer diese Gemüsesorten im Frühling im Haus gesät oder Jungpflanzen im Gartencenter gekauft hat, kann sie im Frühsommer auspflanzen. Am besten gedeihen sie in Pflanzgefäßen. Pro Pflanze brauchen Sie einen Kübel von mindestens 25 cm Ø. Blumenkästen müssen recht tief sein, damit die Wurzeln genug Platz haben. In einen Pflanzbeutel passen zwei Auberginen-, drei Paprika- oder drei Chilipflanzen. Falls Sie keine kompakten Sorten gewählt haben, brauchen Sie Bambusstäbe als Stützen.

In Universalsubstrat pflanzen, gießen und an einen sehr sonnigen, windgeschützten Platz stellen. Sobald sich die ersten Früchte zeigen, alle zwei Wochen flüssigen Algendünger ans Gießwasser geben. Weitere Tipps zur Ernte von Paprika und Chili lesen Sie auf *S. 107*.

 ## Salsa time! Mexiko im Kasten

Ideal für Fajita-Fans: süße, saftige Tomaten, knackiger Salat, Zwiebeln, feuriger Chili und würziger Koriander für Tacos, Tortillas und andere frische, köstliche Gerichte aus der mexikanischen Küche. Wer keinen Blumenkasten benutzen möchte, kann auch mehrere Kübel mit mindestens 45 cm Ø verwenden.

### SIE BRAUCHEN
*1 großen Blumenkasten mit Dränagelöchern, mindestens 80 cm lang und möglichst tief*
*2 niedrige Tomatenpflanzen, z.B. 'Red Alert' oder 'Tumbling Tom Red'*
*1 Chilipflanze, kleinwüchsige Sorte wie 'Etna'*
*1 Korianderpflanze*
*5–6 Salatjungpflanzen, z.B. eine kleine knackige Sorte wie 'Little Gem'*
*Samen für Frühlingszwiebeln*
*40 Minuten*

Eine Schicht Tonscherben auf den Boden des Kastens geben, dann den Kasten zu zwei Dritteln mit Substrat füllen. Tomaten und Chili hinten einpflanzen – die Tomaten an den Ecken, Chili in der Mitte. Substrat bis zur Höhe der Erdspuren an den Pflanzenstängeln einfüllen. Den Koriander in eine der vorderen Ecken pflanzen, dann die Salatsämlinge in Abständen von 15 cm in einer Reihe einsetzen. Zwiebelsamen sparsam in die Lücken zwischen den Salatpflanzen streuen und dünn mit Substrat bedecken. Gießen und vor einem sonnigen Fenster anbringen. Wenn die Zwiebelsämlinge so groß sind, dass man sie gut greifen kann, auf 3-cm-Abstände ausdünnen. Die ausgezupften Sämlinge kann man essen, sie schmecken köstlich. Die Pflanzen regelmäßig gießen und alle zwei Wochen flüssigen Algendünger ins Gießwasser geben. Bei Bedarf Zwiebeln nachsäen, Salat und Koriander durch neue Pflanzen ersetzen. Die Tomatenpflanzen dürfen ruhig über den Kastenrand hängen.

# Heidelbeeren

Heidelbeeren waren meine Rettung, da bin ich ganz sicher. Ich hatte eine scheußliche Sommergrippe mit Kopfschmerzen, roten Augen und laufender Nase. Ich mochte nicht einmal aus dem Haus gehen, um Orangensaft oder Tabletten zu besorgen, aber mein Instinkt zog mich in den Garten, wo ich massenhaft Heidelbeeren aß – wie ein kalifornischer Vitamin-Junkie zur Frühstückszeit. Am Abend ging es mir schon viel besser (wozu auch sechs Stunden Fernsehen beigetragen haben mögen).

Heidelbeeren stecken tatsächlich randvoll mit Antioxidanzien (Anti-Ageing-Wundermittel!), Vitamin C, Flavonoiden und sogar einem Stoff, der Falten vorbeugen soll. Wahrscheinlich beherrschen sie auch mehrere Fremdsprachen. Aber auch wenn es nicht solche Superfrüchtchen wären, hätte ich ein paar Sträucher im Garten. Sie sind so pflegeleicht, dass man sie gar nicht beachten muss, und sie bedanken sich dafür mit hübschem Laub, zarten Blüten in Creme oder Rosa und schließlich mit saftigen Beeren. Sie brauchen nicht einmal viel Platz.

Ich habe in meinem Garten drei Heidelbeersträucher, und sie gehören zu meinen Lieblingen. Man muss sie nicht beschneiden (nur tote Zweige entfernen) und kann sie im Winter draußen lassen. Schädlinge kommen fast nie vor. Viele Sorten tragen zuverlässig, aber die halb-immergrünen Sorten wie 'Sunshine Blue' und 'Reka Blue' sind wegen ihrer atemberaubenden Herbstfärbung besonders schön.

## *Heidelbeeren pflanzen*

Heidelbeeren gedeihen nur in saurem Boden, darum pflanzt man sie am besten in einen Kübel mit Rhododendronsubstrat (in jedem Gartencenter erhältlich). Der Kübel sollte mindestens 30 cm Ø haben und an einem Sonnenplatz stehen. Weil Heidelbeeren Kalk nicht mögen, gießen Sie sie möglichst mit Regenwasser. Aber das ist nicht ganz so wichtig. Meine bekommen auch immer Leitungswasser aus dem Schlauch und tragen trotzdem reichlich. Ab Frühsommer, wenn sich die Früchte bilden, alle zwei Wochen mit Tomatendünger oder flüssigem Algendünger versorgen.

# Artischocken

Hohe Artischockenpflanzen sehen stattlich aus und erheben sich majestätisch im Zentrum oder Hintergrund eines Beets. Sie geben selbst einem kleinen Garten Grandezza. Für einen kleinen Stadtgarten genügen zwei oder drei Pflanzen, denn ausgewachsen können sie 1 m Ausdehnung und 2 m Höhe erreichen – also kein Fall für Kübel. Eine ausgewachsene Pflanze liefert etwa 12 Artischocken. Eigentlich handelt es sich dabei um noch geschlossene Blütenknospen, die hoch über den silbrigen, stark gezähnten Blättern stehen. Die Pflanzen werden mehrere Jahre alt.

'Green Globe' ist eine verlässliche Sorte, aber die violetten Verwandten wie 'Violetto di Toscana' oder 'Violetto di Romagna' machen optisch noch mehr her. Die Knospen ganz jung schneiden und im Ganzen garen oder größer werden lassen, kochen und die Blätter einzeln in zerlassene Butter oder Mayonnaise tunken. Wer es über sich bringt, einige Knospen an der Pflanze zu lassen, kann sich über schöne, violette Distelblüten freuen.

## Artischocken pflanzen

**Wann?** Frühsommer bis Hochsommer

**Wo?** Im Freien an einen sonnigen, geschützten Platz mit Boden, der vorher mit Kompost oder verrottetem Stallmist verbessert wurde. Artischocken vertragen keine Staunässe. Bei tonigem Boden Splitt oder Sand untergraben, um die Dränage zu verbessern.

### SIE BRAUCHEN

 Eine Artischockenpflanze, 20 Minuten

**Wie?** Ein ausreichend großes Pflanzloch ausheben und rings um die Pflanze genug Platz frei lassen. Die Pflanze einsetzen, Erde auffüllen und andrücken, dann gießen.

**Und dann?** Es klingt brutal, aber damit die Pflanze kräftig wird, sollten Sie im ersten Jahr alle Blütenknos-

pen abschneiden. Danach ernten Sie die Knospen, wenn Sie Verzehrgröße erreicht haben. Im Frühling mit Kompost mulchen.

**Was kann schiefgehen?** Solange die Pflanzen jung sind, auf Schnecken *(siehe S. 36)* achten. Schwacher Wuchs und faulende Blätter bei Jungpflanzen sind ein Zeichen schlechter Dränage – Splitt oder Sand untergraben!

# Projekt fürs Wochenende: Thai für zwei

Erinnern Sie sich an das leckere Pad Thai, das Sie im Urlaub gegessen haben? Sie können es nachkochen. Die richtigen Gewürze für thailändische Suppen, Wok-Gerichte und Currys wachsen im Garten: Koriander, rot gerändertes Thai-Basilikum, duftendes Zitronengras und eine Chilipflanze für den Kick Schärfe. Runden Sie das Ensemble mit einem Kübel voll knackigem Pak Choi ab. Statt alle Pflanzen in einen Blumenkasten zu zwängen, sollten Sie sie lieber in einzelne Kübel setzen, die sich leichter auf Balkon oder Terrasse gruppieren lassen.

*Sie brauchen*

*4 Töpfe mit Dränagelöchern, je mind. 20 cm Ø*
*1 Kübel mit Dränagelöchern, mind. 30 cm Ø*
*Universalsubstrat*
*4 Jungpflanzen Pak Choi*
*1 Chilipflanze, für Kübel geeignet, z.B. 'Etna'*
*Wer es ganz genau nimmt, sollte thailändischen Vogelaugen-Chili wählen, aber andere kompakte Sorten tun es auch.*
*1 Topf Thai-Basilikum (Ocimum basilicum 'Horapha Nanum')*
*1 Jungpflanze Zitronengras*
*1 Topf Koriander*
*30 Minuten*

In jeden Behälter eine Schicht Tonscherben geben, dann bis knapp unter den Rand Substrat einfüllen. Den Pak Choi in den großen Kübel pflanzen, andrücken und gießen. Chili, Basilikum, Zitronengras und Koriander in die restlichen Töpfe pflanzen. Alle an einen Sonnenplatz auf Balkon oder Terrasse stellen und durchdringend gießen. Ab Frühsommer die Triebspitzen des Basilikums ausknipsen, damit es buschig wächst. Koriander nach Bedarf nachsäen oder durch neue Pflanzen ersetzen. Die Pflanzen sind kurzlebig und treiben leider nicht wieder aus, wenn man Blätter abschneidet. Wenn die Chilipflanze Früchte ansetzt, wöchentlich einen kaliumreichen Dünger geben. Im Herbst auf eine sonnige Fensterbank im Haus stellen, damit die Früchte ausreifen. Auch das Zitronengras in die Küche holen, denn es muss frostfrei überwintert werden.

# TO-DO-LISTE FÜR DEN SOMMER

## Feigen beschneiden

Der anspruchsvolle Feigenbaum braucht im Sommer etwas Zuwendung. Die neuen Triebe wachsen jetzt kräftig, aber er soll ja nicht seine ganze Energie in die Bildung von Zweigen investieren, sondern lieber kleine Feigen ansetzen. Darum werden alle neuen Triebe gekürzt, sodass nur fünf Blätter stehen bleiben. Meist kann man sie leicht mit der Hand abknipsen.

## Pflaumen ausdünnen

Pflaumen meinen es oft zu gut. Sie bilden viel zu viele Früchte und erschöpfen sich dadurch so sehr, dass sie im Folgejahr gar nicht tragen. Schonen Sie sie, indem Sie im Hochsommer die Früchte ausdünnen, sodass nur alle 5 cm eine hängen bleibt. Es fällt schwer, gesunde Früchte auf den Kompost zu werfen, aber das ist besser, als im nächsten Jahr gar keine zu haben.

## Himbeeren bändigen

Herbsthimbeeren werden jetzt hoch und neigen zum Überhängen. Stecken Sie neue Bambusstäbe ein und binden Sie die Ruten schön ordentlich an. Himbeeren neigen zum Wuchern. Achten Sie auf Ausläufer und stechen Sie mit dem Spaten alle ab, die zu weit von der Mutterpflanze entfernt sind.

## Gemüsefenchel säen

Das saftige Gemüse mit dem feinen Anisgeschmack schmeckt dünn gehobelt lecker im Salat, aber man kann es auch schmoren. Weil es bei kühler Witterung schnell in Saat geht, sollten Sie mit der Aussaat bis zum Hochsommer warten. Die Samen 1 cm tief direkt ins Beet oder in Kübel legen und auf 20 cm ausdünnen, wenn die Sämlinge groß genug sind. Geerntet wird im Frühherbst.

---

 ## Projekt fürs Wochenende: Kübelgarten für Ratatouille

Wer die Mittelmeerküche mag, wird dieses Sortiment aromatischer Pflanzen lieben. Geben Sie Tomaten, Zucchini, Auberginen, Paprika und Oregano einen Platz in voller Sonne, dann können Sie im Spätsommer eine wunderbar würzige Ratatouille kochen.

### SIE BRAUCHEN
2 große Kübel mit Dränagelöchern, z.B. alte Weinkisten (siehe S. 10), alternativ 2 große Kübel mit mindestens 45 cm Ø oder 2 große Blumenkästen, mindestens 80 cm lang
Universalsubstrat
1 Tomatenpflanze, buschig-überhängende Sorte wie 'Tumbling Tom'
1 Auberginenpflanze, kleinwüchsige Sorte wie 'Ophelia' oder 'Orlando'
1 Paprikapflanze, kleinwüchsige Sorte wie 'Redskin'
1 Zucchinipflanze, kompakte Sorte wie 'Tuscany' oder 'Defender'
1 Thymianpflanze
40 Minuten

In jeden Kübel eine Schicht Tonscherben geben, dann bis zur Hälfte Substrat einfüllen. Die Pflanzen darauf anordnen, dabei genug Platz einplanen, damit Tomaten und Zucchini über den Rand hängen können. Substrat in die Zwischenräume füllen, gut andrücken und gießen. An einen sonnigen Platz stellen und alle zwei Wochen Tomatendünger oder flüssigen Algendünger geben.

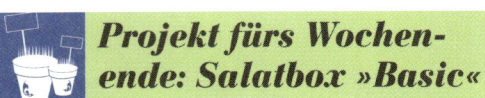

## Projekt fürs Wochen-ende: Salatbox »Basic«

Diese klassische Salatmischung ist superleicht zu ziehen. Zwei kompakte Tomatenpflanzen, duftendes Basilikum und eine Reihe leckerer Eichblattsalat liefern den ganzen Sommer lang Vitamine. Sie müssen nur ein Dressing anrühren.

### SIE BRAUCHEN
1 großen Blumenkasten mit Dränagelöchern
Universalsubstrat
2 niedrige Tomatenpflanzen, z. B. 'Red Alert'
oder 'Tumbling Tom Red'
1 Topf Basilikum
1 Paket Salatsamen, z. B. 'Grüner Eichblatt'
oder eine andere Sorte
40 Minuten

Eine Schicht Tonscherben in den Kasten geben und bis knapp unter den Rand Substrat einfüllen. Vertiefungen ins Substrat drücken. An den beiden Kastenenden die Tomaten einpflanzen. Das Basilikum in die Mitte setzen. Auf die freie Fläche sparsam Salatsamen streuen und dünn mit Substrat bedecken. Gründlich gießen.

Das Substrat immer feucht halten. Wenn der Salat 10 cm hoch ist, Blätter nach Bedarf mit der Küchenschere über dem kleinsten, neuen Blatt abschneiden. Nachsäen, wenn die Pflanzen nicht mehr kräftig austreiben. Wenn die Tomaten Früchte bilden, alle zwei Wochen mit Tomatendünger oder flüssigem Algendünger versorgen.

## Knoblauch ernten

Je nach Sorte ernten Sie Knoblauch, der im Herbst gepflanzt wurde, vom späten Frühling (z. B. 'Early Wight') bis zum Hochsommer (z. B. 'Albigensian Wight'). Achten Sie auf das Laub. Wenn es gelb wird, kontrollieren Sie vorsichtig die Größe der Knollen. Sind sie noch klein, gießen Sie regelmäßig und schauen Sie nach ein, zwei Wochen nochmals nach. Sagt Ihnen die Größe zu, graben Sie die Knollen samt Laub mit der Handschaufel aus. Sorten mit hartem Stiel wie 'Early Wight' oder 'Purple Wight' müssen bald verbraucht werden, vielleicht zu Hähnchen oder für eine Suppe. Lagerfähige Sorten hängen Sie am Laub an einem warmen, trockenen Platz auf. Nach drei Wochen, wenn das Laub bei Berührung knistert und die Haut der Knollen papierartig aussieht, sind sie getrocknet. Dann flechten Sie das Laub zu dekorativen Zöpfen. Wer – wie ich – nicht flechten kann, dreht die Halme einfach locker zusammen und hängt das Bündel griffbereit in der Küche auf. Der Vorrat reicht für einige Monate. Freunde werden staunend fragen »Hast du das alles selbst geerntet?«, und Sie brauchen nur bescheiden zu nicken.

## Zucchini auspflanzen

Wenn keine Frostgefahr mehr besteht, kann Zucchini an ihren Platz im Freien umziehen. Sie braucht viel Sonne und einen Boden, der mit Kompost oder Stallmist verbessert wurde. Kletternde Sorten an den Fuß eines Obelisken oder Gitterzauns pflanzen und später gelegentlich anbinden. Buschige Sorten brauchen 50 cm Platz ringsherum, damit sie sich ausbreiten können. Kompakte Sorten können Sie auch in Kübel mit mindestens 45 cm Ø oder in Pflanzbeutel (zwei Pflanzen pro Beutel) setzen.

**Und dann?** Regelmäßig gießen. Wenn sich die ersten Blüten bilden, alle zwei Wochen mit Algendünger versorgen. Zucchini ernten, wenn sie etwa 10 cm lang sind. Lässt man sie größer werden, schmecken sie nicht mehr so gut. Ich habe selbst die Erfahrung gemacht, dass die Zahl möglicher Füllungen für übergroße Zucchini begrenzt ist.

**Was kann schiefgehen?** Zucchini sind unkompliziert, nur Schnecken *(siehe S. 36)* und Mehltau *(siehe S. 138)* können lästig werden. Bei schlechter Bestäubung wachsen zunächst Früchte, faulen aber dann von den Enden aus. Das kann in kalten Sommern vorkommen, wenn nur wenige Insekten unterwegs sind. Bei besserem Wetter löst sich das Problem meist von selbst. Wer will, kann die Blüten aber von Hand bestäuben *(siehe Kasten unten)*.

## Gurken auspflanzen

Gurken sind nicht ganz so hungrig wie Zucchini, aber auch sie bevorzugen einen Boden, der mit Kompost oder Stallmist verbessert wurde, und einen geschützten Sonnenplatz. Setzen Sie zwei Pflanzen an die Basis eines Obelisken und knipsen Sie die Triebspitzen ab, wenn sie fünf oder sechs Blätter haben, damit sie sich schön verzweigen. Die Seitentriebe an den Obelisken binden. Kübel für Gurken sollten mindestens 30 cm groß und ebenfalls mit einer Kletterhilfe ausgestattet sein. Alternativ setzen Sie zwei Pflanzen in einen Pflanzbeutel und verwenden Sie Bambusstäbe als Stütze. Wer möchte, kann auch eine Pflanze in eine große Ampel oder einen Blumenkasten setzen und über den Rand herabhängen lassen.

**Und dann?** Wenn sich Früchte bilden, alle zwei Wochen Algendünger verabreichen. Die Gurken nicht länger als 12 cm werden lassen und vor dem Verzehr schälen.

**Was kann schiefgehen?** Bei Gurken können dieselben Probleme auftreten wie bei Zucchini *(siehe oben)*.

## Kürbisse auspflanzen

Für kleine Gärten und Terrassen genügen ein oder zwei Kürbispflanzen vollauf. An diesen Pflanzen ist alles groß, auch ihr Hunger. Sie brauchen einen sonnigen, geschützten Platz mit Boden, der mit Kompost oder Stallmist aufgebessert wurde, und sobald sich Früchte bilden, zusätzlich regelmäßig flüssigen Algendünger. Pflanzen Sie Kürbisse an ein Wandspalier oder einen

## Mogeln erlaubt: Nachhilfe für Kürbis & Co.

Unter günstigen Bedingungen entwickelt sich aus jeder weiblichen Kürbis- oder Zucchiniblüte eine Frucht. Wenn der Sommer kühl oder feucht ist, fliegen aber nicht genug Insekten umher, um die Blüten zu bestäuben. Dann bilden sich zwar Früchte, doch sie faulen bald und fallen ab. Dann ist etwas Nachhilfe nötig: Die Rede ist von Handbestäubung. Früher benutzte man dafür einen Hasenschwanz, doch weil ich keinen im Haus habe, nehme ich Wattebällchen aus dem Bad. Ein weicher Pinsel geht auch, aber der Schminkpinsel sollte es nicht sein, sonst bekommen Sie Pollen in den Puder. Mit dem Wattebausch ganz leicht ins Innere einer männlichen Blüte tupfen (die mit dem langen Stiel) und etwas Pollen aufnehmen. Damit dann in eine weibliche Blüte tupfen (die mit dem verdickten Fruchtknoten am Ansatz).

Zaun und binden Sie Triebe an, um ihnen beim Klettern zu helfen. Sie können auch eine Pflanze an einen Obelisken oder ein Stangenzelt pflanzen, herumschlingen und anbinden – ein schöner Blickfang fürs Beet! Oder Sie lassen den Kürbis einfach über das Beet zur Sonne wachsen. Für Kübel (mindestens 45 cm Ø!) eignen sich nur kleine Sorten wie 'Baby Bear', von denen Sie auch zwei in einen Pflanzbeutel setzen könnten. **Und dann?** Wenn die Pflanzen fünf oder sechs Blätter haben, die Triebspitze ausknipsen, damit sich Seitentriebe bilden. Sommerkürbisse wie 'Sunburst' werden geerntet, wenn sie so groß wie Äpfel sind. Winterkürbisse bleiben bis zum Herbst an der Pflanze *(siehe auch S. 104)*.

**Was kann schiefgehen?** Kürbisse sind für dieselben Probleme anfällig wie Zucchini *(siehe S. 91)*.

## Mais auspflanzen

Wärme-Wärme-Wärme heißt das Zauberwort. Pflanzen Sie Mais an einen Sonnenplatz, und zwar nicht in Reihen, sondern als kompakte Gruppe. Das ist wichtig, denn er wird nicht von Insekten bestäubt, sondern durch den Wind, der den Pollen von männlichen Blüten auf benachbarte weibliche trägt. 45 cm Abstand zwischen den Pflanzen einhalten, auf Schnecken achten *(siehe S. 36)* und regelmäßig gießen. Maispflanzen werden recht hoch und sollten angehäufelt werden, damit der Wind sie nicht umlegt. Näheres zur Ernte lesen Sie auf S. 97.

## Mangold für den Herbst

Vielleicht haben Sie im Frühling schon Mangold gesät. Wenn Sie auch im Herbst und bis in den Winter hinein gern Farbe im Garten haben, können Sie im Hoch- bis Spätsommer nochmals säen. Direkt ins Beet oder in große Kübel säen und bei Sommerhitze immer feucht halten, bis die Pflanzen sich etabliert haben.

## Brombeerschnörkel

Brombeeren bilden im Sommer lange, weiche Triebe. Legen Sie alle auf eine Seite und binden Sie sie an Drähte zu Wellen- oder Schlaufenmustern.

## *Kräuterbutter*

Die Kräuter sprießen jetzt kräftig, doch im Herbst geht Schnittlauch, Estragon und einigen anderen allmählich die Luft aus. Konservieren Sie den würzigen Geschmack des Sommers in Kräuterbutter! In Scheiben eingefroren einfach im Winter portionsweise aus dem Eisfach holen und zum Verfeinern von Gemüse und Fleisch verwenden – lecker!

**6 PORTIONEN**
**250 g weiche Butter**
**2 Handvoll frische gehackte Kräuter,**
**z. B. Petersilie, Estragon oder Schnittlauch, 1 EL Zitronensaft, Salz**

Die Butter in einer Schüssel cremig rühren. Kräuter und Zitronensaft unterrühren. Die Kräuterbutter auf Frischhaltefolie füllen und zu einer Rolle formen. Kühlen, bis die Butter fest ist, dann in Scheiben schneiden. Die Scheiben einzeln in Folie gewickelt einfrieren.

# Radicchio

Die knackigen, rötlichen, leicht bitteren Blätter sind eine feine Komponente für winterliche Salate in Kombination mit milderen Zutaten. Besonders gut schmecken sie zu Blauschimmelkäse, gedünsteten Birnen und Walnüssen. Gegrillt schmeckt Radicchio mild-süßlich. Im Beet und in Kübeln bilden die Köpfe in den Wintermonaten einen hübschen Farbtupfer, und man kann sie bis in den zeitigen Frühling hinein ernten. Eine empfehlenswerte Sorte ist 'Rosso di Treviso' mit dunkelroten Blättern und schneeweißen Rippen.

## Radicchio säen

**Wann?** Hochsommer

### In Töpfen

**SIE BRAUCHEN**

 Einen mittleren bis großen Kübel mit Dränagelöchern, Universalsubstrat, Radicchiosamen, 20 Minuten

**Wie?** Eine Schicht Tonscherben auf den Kübelboden geben, dann bis knapp unter den Rand Substrat einfüllen. Samen in Abständen von etwa 5 cm auslegen, dünn mit Substrat bedecken und gießen. An einen sonnigen oder halbschattigen Platz stellen.

### Im Beet

**SIE BRAUCHEN**

 Bleistift oder Stäbchen, Radicchiosamen, 10 Minuten

**Wie?** Einen sonnigen Platz mit gutem Boden auswählen. Mit Bleistift oder Stäbchen eine flache Rille ziehen. Samen in Abständen von etwa 5 cm hineinlegen, dünn mit Erde bedecken und gründlich gießen.

**Und dann?** Feucht halten. Wenn die Sämlinge so groß sind, dass man sie gut greifen kann, im Beet auf Abstände von 20 cm verziehen. In einem 30-cm-Kübel

sechs kräftige Pflänzchen stehen lassen. Geerntet wird ab Herbst, wenn sich die grünen Blätter nach den ersten Frösten satt dunkelrot färben *(siehe auch S. 114).*

**Was kann schiefgehen?** Radicchio ist nicht sonderlich anfällig für Schädlinge, aber er steht nicht gern beengt. Wenn die Blätter braun und schleimig werden, sind die Abstände vermutlich zu gering. Schleimige Blätter entfernen und die Pflanzen auslichten.

## Mogeln erlaubt: Pfirsiche im Tigerlook

Pfirsiche, vor einer warmen Mauer gereift, schmecken herrlich. Tag für Tag kann man beobachten, wie sich die samtige Haut langsam mit Röte überzieht. Leider gibt es noch andere Beobachter.

Die verflixten Vögel … Die verflixten Eichhörnchen … Und die verflixten Mäuse. Wenn Sie bei der täglichen Inspektion keine angefressenen Früchte vorfinden wollen, müssen Sie Vorkehrungen treffen. Nichts eignet sich besser als Feinstrumpfhosen. Farbfehlkäufe (oder Modelle mit Laufmaschen), die ganz hinten in der Schublade verschwinden, kennt jeder. Also holen Sie das Modell mit dem peinlichen Tigermuster für einen guten Zweck hervor. Einfach die Füße abschneiden und den Pfirsichen anziehen. Falls Sie versehentlich poppige Socken gekauft haben, umso besser. Netzstrumpfhosen eignen sich nicht, aber feinmaschige Strumpfhosen halten Pfirsichräuber auf Abstand *(siehe auch S. 119).*

# Zitronen

Zitronenbäumchen zu ziehen ist meine Leidenschaft. Ich sage bewusst »Zitronenbäumchen« und nicht »Zitronen«, denn die Erträge, die ich über die Jahre eingefahren habe, waren nicht der Rede wert. Trotzdem gebe ich nicht auf. Wie eine Amme umsorge ich meinen zehn Jahre alten Baum, verabreiche ihm Spezialdünger, besprühe seine Blätter und bestaune seine

duftenden, weißen Blüten und die winzigen, grünen Zitronen wie kleine Wunder. Ich habe sogar schon Schildläuse von Hand abgesammelt und zwischen den Fingern zerquetscht. All das nur, weil mir die Vorstellung so gut gefällt, an einem warmen Sommertag im Garten zu sitzen, den Duft der Zitrusblüten zu schnuppern und an einem Gin Tonic mit Eis und einer Zitronenscheibe aus eigener Ernte zu nippen. Zugegeben, das ist bislang erst einmal passiert. Ja, es ist eine echte Herausforderung, einen Zitronenbaum in einer Gegend ohne Mittelmeerklima zu halten.

Früher hielt man Zitronenbäumchen im Wintergarten oder holte sie zum Überwintern ins Haus. Heute gibt es Sorten wie 'Eureka', die ganzjährig im Freien bleiben können. Mein Bäumchen hat bislang alle Winter überlebt, doch die Ernte fällt zweifellos besser aus, wenn man ihn in den kältesten

Monaten in Vlies verpackt *(siehe S. 118)* oder er bei 8–12 °C im Wintergarten stehen darf.

Zitronen sind anspruchsvoll. Sie brauchen zweierlei Dünger – einen für den Sommer und einen anderen für den Winter. Das muss man einfach beachten. Außerdem benötigen Sie einen sehr warmen, geschützten Platz und äußerst durchlässiges Substrat, am besten mit einem Anteil Kies. Gießen sollte man lieber selten und reichlich als oft und spärlich. Regenwasser ist ihnen deutlich lieber als Leitungswasser. Wären sie Menschen, dann hätten Sie etwas von viktorianischen Jungfern: Sie neigen dazu, in Ohnmacht zu fallen, und man muss ihnen öfter das Korsett lockern.

Warum halte ich trotzdem Zitronenbäumchen und warum empfehle ich sie hier? Ganz einfach: Weil sie mit ihren dunklen, glänzenden Blättern und den herrlich duftenden Blüten so hübsch und exotisch aussehen. Weil sie einfach ein bisschen anders sind, und weil man nie weiß, ob sie sich nicht eines Tages doch entschließen, Früchte zu tragen, die man ganz lässig abpflücken und – in Scheiben geschnitten – in die Gläser beeindruckter Gäste gleiten lassen kann. Schließlich muss die globale Erwärmung doch auch irgendei-

nen Vorteil haben. Neben der schon genannten Sorte sind auch 'La Valette' und 'Quattro Staggioni' durchaus einen Versuch wert.

## Zitronen pflanzen

Ein gekaufter Zitronenbaum kann normalerweise eine Saison lang in seinem Topf bleiben. Im folgenden Frühling in einen etwas größeren Topf mit Zitrussubstrat oder Universalsubstrat mit einem guten Anteil Sand oder Kies umpflanzen. An einen sonnigen, geschützten Platz auf der Terrasse stellen.

**Was kann schiefgehen?** Auf Schildläuse und Rote Spinnmilben achten *(siehe S. 139)*.

## Pak Choi für die kalte Zeit

Dieses asiatische Gemüse ist in Bezug auf Licht heikel und neigt zum Schießen, wenn man ihn vor der Mittsommernacht sät. Danach lohnt sich die Aussaat im Beet oder in Kübeln, denn man kann die knackigen Blätter im Herbst und Winter ernten, wenn der Garten sonst nicht mehr viel hergibt. Tipps zur Aussaat finden Sie auf *S. 43*.

## Grünkohl auspflanzen

Im Hochsommer wird der Grünkohl ausgepflanzt. Wahrscheinlich sind die Beete jetzt recht voll, aber es lohnt sich, für diese hübschen Gewächse noch einen Platz zu finden, weil sie im Winter Leben in den kahlen Garten bringen. Die Pflanzen werden recht groß und brauchen Abstände von etwa 30 cm, man kann sie aber einzeln zwischen andere Gemüsepflanzen setzen. Im Spätsommer sind ja die meisten Gemüsearten abgeerntet, sodass der Grünkohl dann mehr Platz bekommt. Der Kohl braucht reichhaltigen Boden, der möglichst zuvor mit Kompost oder Stallmist angereichert wurde. Wer Grünkohl im Kübel ziehen will, muss pro Pflanze ein Gefäß mit mindestens 30 cm Ø verwenden, weil die Pflanzen so groß werden. (Setzen Sie doch an den Topfrand Kapuzinerkresse, um den kahlen Kohlstrunk zu verdecken.) Drei oder vier Jungpflanzen genügen pro Kübel *(siehe S. 60)*.

Die Grünkohlpflanzen gut andrücken. Zur Probe an einem Blatt ziehen. Reißt es ab, bevor sich die Wurzeln lösen, sitzt die Kohlpflanze fest genug im Boden.

**Was kann schiefgehen?** Auf Schnecken *(siehe S. 36)* und Raupen achten, die sich bei größeren Pflanzen auch zwischen den Blättern verstecken können *(siehe auch S. 139)*.

## Mais ernten

Im Spätsommer sollten die Maiskolben an den hohen Stielen anschwellen. Ich schreibe »sollten«, weil Mais in wechselhaftem Klima nicht zuverlässig trägt. Jetzt gilt

## Kräuter einfrieren

Frieren Sie superfrische Kräuter in Eiswürfelbereitern ein, dann haben Sie im Winter immer etwas zur Hand. Einfach die Kräuter ernten, waschen, trocknen, fein hacken und in die Eiswürfelfächer drücken. Wasser aufgießen und einfrieren. Wenn alles durchgefroren ist, die Würfel rausnehmen und in Gefrierbeutel füllen. Sie können die Würfel gefroren in Saucen und Eintöpfe geben und zuschauen, wie sie langsam schmelzen und ihr würziges Aroma freigeben.

es, den richtigen Moment zur Ernte abzupassen. Ich bin in Bezug auf den optimalen Reifezeitpunkt immer etwas unsicher, denn die traditionellen Ratschläge klingen kompliziert. Wenn die seidigen Haare an der Spitze der Kolben braun werden, soll man die Hüllblätter zurückschlagen und ein Korn mit dem Fingernagel anritzen. Sieht die austretende Flüssigkeit klar aus, ist der Mais noch unreif. Ist sie milchig, kann man ernten. Wartet man zu lange, wird der Mais hart und mehlig. Panik kommt auf: Kann ich schnell noch einkaufen gehen, oder ist danach der ideale Reifezeitpunkt verpasst? Aber vielleicht sind Sie ja nicht so leicht zu verunsichern! Viel Glück jedenfalls. Tipps zum Rösten von Mais finden Sie auf *S. 126.*

# Herbst

Der Herbst ist unberechenbar. Manche Tage sind feucht und kühl, andere heiß und trocken wie im Hochsommer. Zu Beginn dieser Jahreszeit meint man, der Sommer wolle gar nicht enden. Noch stehen Mais, Stangenbohnen, Tomaten, Zucchini, Himbeeren, Feigen, Auberginen, Brombeeren, Salat, Chili und Paprika in voller Frucht. Doch schon bald werden die Abende spürbar kühler. Selbst wenn Sie nur einige Kübel auf einem kleinen Balkon haben, werden Sie die Veränderung bemerken. Zucchini, Stangenbohnen und Tomaten tragen noch etwa einen Monat lang, andere sehen schon etwas müde aus und bekommen gelbe Blätter. Das ist aber kein Grund, das Gartenwerkzeug schon wegzuräumen. Wer über Winter frischen Salat essen und im Frühling saftige Dicke Bohnen ernten will, sollte jetzt säen, solange der Boden noch warm ist.

**Wenn Sie nur für drei Dinge Zeit haben ...**

Dicke Bohnen säen, Knoblauch pflanzen, Wintersalate säen

Dicke Bohnen

Knoblauch

Wintersalat

# So viel zu tun

Jetzt ist die beste Zeit, um Brombeeren und Himbeeren zu pflanzen. Vielleicht möchten Sie auch etwas Knoblauch stecken oder Mangoldjungpflanzen im Gartencenter oder übers Internet kaufen *(siehe Kasten)*. Sorten mit Stielen in leuchtendem Rot, Pink oder Orange sehen besonders toll aus, wenn es im Garten langsam kahl und grau wird. Viele leckere Salatsorten können jetzt auch noch gesät oder gepflanzt werden, zum Beispiel Kopfsalate, Gartenkresse, saftiger Winterportulak, Feldsalat und exotische Mizuna, Mibuna und Komatsuna. Diese asiatischen Blattgemüsesorten kann man – wenn jung – roh für Salate verwenden oder, wenn sie etwas größer sind, wie Spinat dünsten oder an Wok-Gerichte geben. Wer jetzt sät oder Jungpflanzen kauft, kann über Winter mit frischem Grün viel für sein Immunsystem tun *(siehe auch S. 102)*.

Denken Sie auch an Blumen! Was wäre der Frühling ohne Tulpen? Schon wenige Töpfe auf dem Balkon sind eine Pracht. Pflanzen Sie ruhig schneeweiße oder blutrote Tulpen zusammen mit Salat in einen Topf – sie sehen edel aus, wenn sie über den frischen grünen Blättern stramm stehen. Auch Zierlauch ist ein Hingucker, vor allem die hohe Art *Allium christophii* mit violetten Blütenkugeln auf hohen Stielen. Wer mehr Platz hat, pflanzt im Herbst außer Tulpen noch andere Blumenzwiebeln für ein Blütenfeuerwerk im kommenden Frühling *(siehe auch S. 61 ff.)*.

## Mogeln erlaubt: Nettes aus dem Netz

Warum soll man sich abplagen, sensible Sämlinge zu pflegen, wenn andere diese Arbeit für einen übernehmen wollen? Viele Firmen bieten Jungpflanzen per Versandhandel an *(siehe S. 140)*. Der Einkauf im Versandhandel hat Suchtpotenzial. Ich habe viele Internetstunden mit dem Anschauen von Fotos stattlichen Mangolds und knackiger Salate verbracht, obwohl ich eigentlich hätte arbeiten sollen. Bestellen Sie doch schnell noch einige Jungpflanzen für Wintersalat und Mangold. Viele Firmen bieten sogar spezielle Wintersortimente an, sodass Sie sich um die Sortenauswahl gar nicht kümmern müssen. Nach der Bestellung erhalten Sie per E-Mail eine Lieferbestätigung, damit Sie die Pflanzen in Empfang nehmen und gleich versorgen können. Falls Sie nicht im Haus sind, sorgen Sie dafür, dass der Paketbote die Ware beim Nachbarn abgibt. Warnen Sie den Nachbarn vor. Es wäre schade, wenn er die Beschriftung »Lebende Pflanzen« auf dem Karton übersieht und das Paket wochenlang unter der Treppe stehen lässt, bevor er Sie benachrichtigt. Sie zaudern wegen der Kosten? Was ist denn besser: massenhaft Sämlinge zu ziehen, von denen der Großteil umkommt, weil Sie einmal übers Wochenende verreist sind? Oder eine überschaubare Zahl kerngesunder Pflanzen ins Haus geliefert zu bekommen, die in fünf Minuten eingepflanzt sind?

# Winterpflücksalate

Wintersalat im Garten ist wunderbar, denn man kann in der Adventszeit nach Herzenslust in Kuchen, Plätzchen und Schokolade schwelgen – in dem beruhigenden Wissen, dass anschließend frischer Salat hilft, die Kilos wieder loszuwerden. Ein Dressing mit Balsamico und Honig passt perfekt zu dem pikanten Aroma vieler winterlicher Blattsalate, vor allem, wenn man darauf noch einige Parmesanspäne oder zerbröselten Blauschimmelkäse streut *(siehe S. 117)*.

Es gibt verschiedene köstliche Blattsalate, die man im Herbst säen und den Winter über bis ins folgende Frühjahr hinein ernten kann. Warten Sie aber mit der Aussaat nicht zu lange. Der Boden muss noch warm sein, und die Pflanzen brauchen etwas Sonne, um eine gewisse Größe zu erreichen, bevor der Winter einbricht. Sie sind alle winterhart, vertragen also Minusgrade. Dennoch ist es sinnvoll, sie an einem warmen, geschützten Platz zu säen und mit Gartenvlies abzudecken *(siehe S. 118)*. Wer Wintersalat im Kübel zieht, stellt ihn an einen geschützten Platz. Auch ein Blumenkasten mit fiedrigen Salatblättern ist ein schöner Anblick in der grauen Jahreszeit.

Sofern weiter unten nichts anderes angegeben ist, säen Sie direkt ins Beet oder in den Kübel. Die Samen nur dünn mit Erde bedecken. Zum Ernten die Blätter einzeln nach Bedarf abschneiden – die Pflanzen treiben dann mehrmals neu aus – oder die ganzen Pflanzen aus der Erde ziehen. Wer es sich leicht machen will, kauft vorgezogene Jungpflanzen *(siehe S. 100)*.

## Winterportulak

Dieser recht unbekannte Salat, auch als Postelein bekannt, hat hübsche, gebuchtete Blätter, die wie die Stiele fleischig sind und zitrusfrisch schmecken. Kleine, weiße Blüten stehen wie kleine Edelsteine mitten auf den Blättern. Die Samen sind winzig. Schütten Sie nicht, wie ich es einmal tat, alle auf einmal aus!

Das sparsame Aussäen ist leichter, wenn man die Samen vorher mit etwas Sand mischt.

## Mizuna

Die stark gezähnten Blätter erinnern entfernt an Rauke und eignen sich gut als Beeteinfassung. Der Geschmack ähnelt ebenfalls der Rauke, ist aber milder.

## Mibuna

Schmale, lange Blätter, die ähnlich wie Mizuna schmecken. Gut als Beetkante.

### Mogeln erlaubt: Salat umsonst

Winterportulak sät sich selbst aus. Wenn er einmal gesät wurde und geblüht hat, laufen im folgenden Frühling viele neue Jungpflanzen auf. Lassen Sie einige davon stehen, dann können Sie im folgenden Herbst und Winter wieder ernten.

### Feldsalat

Eine außergewöhnlich frostverträgliche Pflanze, die niedrige Rosetten aus dunkelgrünen Blättern mit sehr mildem Geschmack bildet. Gut als Gegengewicht zum pfeffrigen Geschmack anderer Wintersalate. Kein Wunder, dass Feldsalat eine feste Größe in gekauften Salatmischungen ist. Er wächst langsam, sodass man meist erst im Frühjahr ernten kann.

### Rucola (Rauke)

Nicht ganz so frostverträglich wie asiatische Blattsalate, kann aber im Frühherbst ausgesät werden.

### Gartenkresse

Ungewöhnlich frosttolerante Pflanze, niedrig mit gezähnten Blättern. Der typische Kressegeschmack ist pfeffrig – am besten mit milderen Sorten kombinieren.

### Komatsuna

Schmeckt wie eine Mischung aus Chinakohl, Pak-Choi und Senf mit einem Anklang an Spinat. Sehr frostverträglich und ungemein vielseitig, auch für Wok-Gerichte gut geeignet.

### Sauerampfer

Kleine, zarte Blätter mit frisch-säuerlichem Geschmack. Sehr lecker in Salaten. Größere Blätter eignen sich auch für Suppen.

### Kerbel

Fiedrige Blätter mit feinem Anisgeschmack. Ausgezeichnet zu gedünsteten Möhren oder Dicken Bohnen. Im Frühherbst säen, dann können Sie den ganzen Winter über ernten *(siehe auch S. 32)*.

## Projekt fürs Wochenende: Salatkasten für den Winter

Dieser Kasten voll würziger Blätter versorgt Sie den ganzen Winter lang mit frischen, vitaminreichen Blättern für Salate und Wok-Gerichte. Sät man im Frühherbst, wachsen die Salate über Winter bis ins Frühjahr hinein. Die Blätter einige Zentimeter über dem Substrat abschneiden, dann treiben die Pflanzen zwei- bis dreimal neu aus.

**SIE BRAUCHEN**
**1 großen Blumenkasten mit Dränagelöchern**
**Universalsubstrat**
**1 Tüte Samen für asiatische Blattsalat-Mischung**
**1 Tüte Samen für Winterportulak**
**(Claytonia perfoliata = Montia perfoliata)**
**30 Minuten**

Eine Schicht Tonscherben auf den Kastenboden geben, dann bis knapp unter den Rand Substrat einfüllen. Die asiatische Samenmischung sparsam aufstreuen, aber an den Enden etwas Platz lassen. Dort wird der Winterportulak gesät. Achtung, die Samen sind sehr klein. Nehmen Sie sie wie eine Prise Salz zwischen den Fingern auf. Alles dünn mit Substrat bedecken und begießen.

Nach etwa zehn Tagen zeigen sich die ersten Pflänzchen. Asiatische Salatmischungen enthalten meist Mizuna, der ähnlich wie zierliche Rauke aussieht, Mibuna (mit glattrandigen Blättern), Pak Choi, Roten Senf, Komatsuna und Chinakohl. Schneiden Sie einzelne Blätter nach Bedarf knapp über dem Substrat ab, damit die Pflanzen neu austreiben, oder lassen Sie sie größer werden, um sie im Wok zu garen. Als Salat mit Bacon-Scheiben und einem Sahnedressing, das die Schärfe der Blätter mildert, schmeckt himmlisch. Und eine Portion Winterportulak gibt dem Ganzen saftigen Biss.

# Winterkopfsalat

SCHWIERIGKEITSGRAD

Eine Auswahl zarter Pflücksalate ist eine gute Sache, aber für sich allein sind sie wenig gehaltvoll. Ein guter Wintersalat darf ruhig etwas mehr Biss haben – und da kommen die Kopfsalate ins Spiel.

Ich säe im Frühherbst immer einige Pflanzen in Anzuchtschalen und setze sie ins Beet, wenn sie größer sind. Besonders gern mag ich Romana-Salat mit den milden, knackigen Rippen. Gute Wintersorten sind auch 'Black Seeded Simpson' mit hübsch gerunzelten Blättern, 'Eiskönigin' mit festen, milden Blättern, 'Sainte Marthe' mit seerosenartigem Wuchs, die rundliche Traditionssorte 'Fetter Römer' und die schön gefärbten, spitzen 'Teufelsohren'.

All diese Salate vertragen Frost und überstehen den Winter im Freien. Sie wachsen aber schneller und bilden zartere Blätter, wenn man sie mit abdeckt. Ich finde Vliestunnel großartig. Das sind vorgeformte Bögen, über die man Vlies wie eine Ziehharmonika legt. Man stellt sie einfach über eine Reihe von Pflanzen im Beet. Pflanzkübel kann man ebenso mit Vlies schützen *(siehe S. 118 und 140)*.

## Winterkopfsalat säen

**Wann?** Frühherbst
**Wo?** In Anzuchtschalen auf der Fensterbank oder direkt in ein geschütztes Beet

SIE BRAUCHEN

 Anzuchtschale mit Einzelzellen, Universalsubstrat, Salatsamen, 20 Minuten

**Wie?** Die Zellen mit Substrat füllen, dann die Schale hart auf den Tisch klopfen, damit sich das Substrat setzt. Begießen und einige Minuten abtropfen lassen. In jede Zelle zwei Samen legen und dünn mit Substrat bedecken.
**Und dann?** Wenn die Sämlinge nach einigen Wochen etwa 1 cm hoch sind, den schwächeren auf Erdniveau

### Mogeln erlaubt: Gute Mischung

Sie brauchen nicht alle Samenarten einzeln zu kaufen. Jungpflanzen werden oft in Sortimenten angeboten. Auch Samenmischungen für den Winteranbau sind erhältlich. Samentüten mit Bezeichnungen wie »asiatische Salatmischung« enthalten meist Rauke, Mizuna, Mibuna, Roten Senf und Pak Choi. Die Samen im Frühherbst direkt ins Beet oder in große Kübel säen und bis zum Frühling ernten. *(siehe auch Projekt fürs Wochenende, S. 102)*

abknipsen. Das Substrat feucht halten. Wenn die Sämlinge sechs Blätter haben, können Sie in Abständen von 20 cm ins Beet gepflanzt werden. In einem Kübel von 30 cm Ø finden etwa fünf Salatpflanzen Platz. Zum Ernten entweder einzelne Blätter nach Bedarf schneiden oder warten, bis sich Köpfe bilden und diese im Ganzen abschneiden.

### Kürbisse ernten

Kürbisse haben im Herbst lange Ranken und (hoffentlich) stattliche Früchte gebildet. Lassen Sie die Früchte bis in den Herbst hinein an den Pflanzen, aber schneiden Sie sie vor dem ersten Frost ab. Dann können Sie sie gleich verbrauchen. Wer sie lagern möchte, lässt sie einige Tage in der Sonne liegen, damit die Schale härter wird (aber in kalten Nächten ins Haus holen). Nach dieser Behandlung können Sie die Kürbisse bis in den Winter hinein aufbewahren oder witzige Laternen aus ihnen schnitzen.

### Schneller Genuss

Für ein superschnelles, leckeres Essen nehmen Sie einen kleinen Kürbis (z. B. Butternut, Uchiki Kuri oder Blue Hubbard), halbieren Sie ihn und schaben Sie die Kerne heraus. Dann ein Stück Butter in die Höhlung legen, die Hälften wieder zusammensetzen und auf hoher Stufe in der Mikrowelle etwa sechs Minuten garen. Zwischendurch kontrollieren, nicht matschig werden lassen. Mit Salz und Pfeffer würzen und mit einem Löffel direkt aus der Schale essen.

# Himbeeren

Wären Himbeeren Menschen, dann würden sie zu den verlässlichen Leuten gehören, die immer pünktlich sind und nie Ihren Geburtstag vergessen. Sie wachsen vor sich hin, brauchen kaum Pflege und liefern monatelang wunderbar süße, samtige Beeren. Ich habe vor zwei Jahren drei Sträucher (auch Ruten genannt) in meinen Garten gepflanzt und hätte mit der Ernte dieses Jahres einen kleinen Hofladen eröffnen können.

Aus diesem Grund sind Himbeeren ideal für Gärtner, die wenig Zeit haben – mal abgesehen von ihrem wunderbaren Geschmack. Weil sie sich unterirdisch ausbreiten, fühlen sich viele in Kübeln nicht wohl, es gibt aber Ausnahmen.

Für die traditionelle Art des Himbeeranbaus braucht man ein Ingenieurstudium und einen großen Werkzeugkasten. Ich meine dieses komplizierte Stützsystem aus Pfosten und Drähten, das in so vielen Büchern empfohlen wird. Ich habe mich an einem trüben, düsteren Winterfeierabend mit Pfosten und Bohrmaschine in den Garten gewagt – das Experiment endete mit Tränen. Vielleicht sind Ihre Heimwerkerfähigkeiten nicht so katastrophal wie meine. Aber letztlich wollen Sie doch nur ein paar Beeren pflücken und keinen Eiffelturm bauen.

Darum wächst in meinem Garten nur die Sorte 'Herbst Bliss', die gar kein Stützsystem und auch nicht so viel Platz braucht ('Golden Bliss' trägt gelbe Beeren!). Im Herbst, wenn vieles schon abgeerntet ist, stehen die Ruten voller Beeren. Gute Herbstsorten sind auch 'Pokusa' mit riesigen Früchten und 'Polka' mit dem feinen Geschmack. 'Herbst Bliss'-Ruten kann man im Frühling als Containerware kaufen. Normalerweise pflanzt man aber wurzelnackte Ruten im Spätherbst oder Winter. Nicht erschrecken, wenn sie geliefert werden: Sie sehen aus wie etwas, das der Hund im Park apportiert. Aber sie leben! Sie brauchen auch keine Sorge zu haben, dass Ihnen die Sommerernte entgeht. Wenn man sie richtig schneidet, tragen Herbsthimbeeren von Juni bis Oktober *(siehe S. 116)*.

## Himbeeren pflanzen

**Wann?** Spätherbst bis Winter

**Wo?** An einen sonnigen oder halbschattigen Platz mit gutem Boden, der möglichst vorher mit Kompost oder Stallmist angereichert wurde.

**SIE BRAUCHEN**

 Ruten von Herbsthimbeeren (drei genügen für einen kleinen Garten), 1 Stunde

**Wie?** Ein Loch graben, in dem die Wurzeln bequem Platz haben. Eine Rute hineinstellen und bis an die Erdspuren, die am Stamm sichtbar sind, mit Erde auffüllen. Zwischen den Ruten Abstände von 50 cm einhalten. Dann die Ruten mit der Rosenschere 20 cm über dem Boden abschneiden.

**Und dann?** Nichts – bis zur Ernte im folgenden Jahr. Tipps zum Schneiden älterer Himbeerpflanzen finden Sie auf *S. 116*.

**Was kann schiefgehen?** Sind kaum anfällig für Krankheiten, aber Blattläuse oder Himbeerkäfer können auftreten *(siehe S. 136)*.

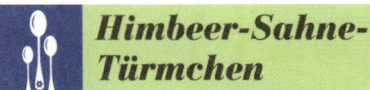

# Himbeer-Sahne-Türmchen

Die Zubereitung feiner Früchtedesserts scheitert meist daran, dass die Himbeeren den Transportweg in die Küche nicht überstehen. Aber für dieses Rezept rette ich manchmal einige Früchte. Es sieht viel komplizierter aus, als es ist – perfekt, um jemanden zu verwöhnen oder zu beeindrucken. Schmeckt auch mit Erdbeeren himmlisch.

*FÜR 2 PERSONEN*
*Filo-Teig aus dem Kühlregal,*
*genug für 8 Rechtecke à 5 x 10 cm*
*200 g Schlagsahne, 250 g Himbeeren*
*Puderzucker zum Bestreuen*
*2 Minzezweige*

Den Teig mit einem scharfen Messer in Rechtecke schneiden. Sie müssen nicht exakt gleich ausfallen, wir sind ja keine Perfektionisten. Ein Blech mit Backpapier auslegen und die Teigstücke im vorgeheizten Ofen 3–4 Minuten knusprig backen. Inzwischen die Sahne sehr steif schlagen.

Den Teig abkühlen lassen, überschüssiges Mehl abpusten und abwechselnd mit Sahne und Himbeeren aufschichten. Jede Schicht großzügig mit Puderzucker bestreuen, die fertigen Türmchen nochmals mit Puderzucker bestreuen. Wer sein Gastgeberinnentalent besonders unterstreichen möchte, garniert sie mit frischen Minzeblättchen. Sofort servieren, ehe der Teig durchweicht.

# Brombeeren

Warum soll man etwas pflanzen, an dem man sich die Hände aufreißt und das es auf dem Spaziergang durch Feld und Flur umsonst gibt? Gute Frage. Ich habe mich auch lange gegen eine Kulturbrombeere gesträubt. Erst im letzten Jahr hat sie sich einen Platz in meinem Garten erobert. Und jetzt bin ich bekehrt. Erstens gehört sie zu den ganz wenigen Pflanzen, die auch an einer schattigen Mauer wachsen und gedeihen – und Schattenmauern sind gerade in Stadtgärten eher die Regel. Zweitens gibt es Sorten ohne Widerhaken. Drittens kann man sie in Schnörkeln und Schleifen über eine Mauer oder Schuppenwand ziehen, was sogar im Winter hübsch aussieht. Und viertens stellen die Kultursorten ihre wilden Verwandten geschmacklich gnadenlos in den Schatten.

Am bequemsten lassen sich stachellose Sorten wie die tolle 'Nessy' ernten. 'Dirksen Thornless' mit seinen großen Früchten ist kaum anfällig für Graufäule.

## Brombeeren pflanzen

**Wann?** Jederzeit, aber im Herbst haben die Wurzeln noch genug Zeit zum Anwachsen, bevor im Frühling das neue Wachstum einsetzt.

**Wo?** An einem sonnigen oder schattigen Platz mit gutem Boden, der vorher mit Kompost oder Stallmist angereichert wurde.

 Eine Brombeerpflanze, Schraubösen aus Metall, stabilen Draht, eine Stunde

**Wie?** Ein ausreichend großes Loch ausheben. Die Pflanze aus dem Topf nehmen und ins Loch setzen. Die Ösen in Zaun oder Wand schrauben. In Holz kann man sie einfach eindrehen, in Steinwänden müssen Sie vorbohren und Dübel einsetzen. Den Draht durch die Ösen ziehen. Sie brauchen waagerecht drei parallele Drähte mit ungefähr gleichen Abständen.

**Und dann?** Regelmäßig gießen. Neue Triebe in ordentliche Wellenlinien legen und anbinden. Brombeeren wachsen etwas ungewöhnlich. Im ersten Jahr bilden sie einen oder zwei lange Triebe. Diese binden sie an. Im zweiten Jahr tragen diese Triebe Früchte. Aber die Pflanze bildet auch neue Triebe, die fortlaufend angebunden werden müssen. Damit kein wirres Dickicht entsteht, binden Sie alte und neue Triebe separat an, die einen nach rechts, die anderen nach links. So entsteht eine ungewöhnliche, aber interessante Struktur. Tipps zum Schnitt von Brombeeren finden Sie auf *S. 114*.

**Was kann schiefgehen?** Gelegentlich macht der Himbeerkäfer Ärger, auch Graufäule kann auftreten *(siehe S. 134 ff)*.

## SONNENKINDER HEREINHOLEN

Wenn der Herbst voranschreitet, ist es tagsüber oft noch angenehm warm, aber nachts schon recht kalt. Jetzt sollten Sie die Warmblüter unter Ihren Pflanzen ins Haus auf eine sonnige Fensterbank stellen, damit die Früchte ausreifen können. Paprika, Chili und Tomaten bekommt das wärmere Klima im Haus bestens.

Stellen Sie nun auch die empfindlicheren Kräuter auf eine sonnige Fensterbank. Basilikum, Minze, Estragon und Schnittlauch können Sie dann noch bis in den Winter hinein schneiden. Von Minzepflanzen im Beet schneiden Sie die abgestorbenen Triebe knapp über dem Boden ab. Dann graben Sie mit der Handschaufel ein Stück Wurzelballen aus, das in einen mittelgroßen Blumentopf passt. Etwas Substrat in den Topf geben, die Minzewurzeln darauf legen, andrücken und mit etwas Substrat bedecken. Begießen – und schon nach einer Woche zeigen sich frische Triebe.

## FEIGEN: GRAUSAME BEHANDLUNG ERWÜNSCHT

Ich weiß, das will niemand wahrhaben, aber Feigen, die bis Mitte Herbst nicht reif sind, werden es nicht

**Mogeln erlaubt: Ausgerechnet Bananen**

Wenn Ihre Tomatenkübel zu groß sind, um sie ins Haus zu holen, pflücken Sie um die Mitte des Herbstes alle grünen Früchte ab. Sie reifen im Freien nicht mehr. Stecken Sie sie zusammen mit einer reifen Banane in eine Papiertüte. Die Banane gibt Ethylen ab, das die Reifung der Tomaten beschleunigt.

mehr. Sie hängen am Baum, entziehen ihm Kraft und fallen am Ende doch ab. Also schreiten Sie zur Tat, entfernen Sie alle Feigen, die kirschgroß oder größer sind. Kleinere Früchte am Baum lassen, sie entwickeln sich im folgenden Jahr. Wenn im Herbst oder Frühwinter der erste Frost droht, decken Sie den Baum mit Vlies ab, um die Früchtchen zu schützen. So haben sie bessere Chancen, im Sommer reif und saftig zu werden.

# Dicke Bohnen

Ich habe üble Kindheitserinnerungen an Dicke Bohnen, auch Saubohnen, Ackerbohnen oder Puffbohnen genannt. Sie waren groß, bräunlich und ledrig-zäh wie alte Satteltaschen. Ich habe sie verabscheut, und es dauerte lange, mich eines Besseren zu belehren. Dabei schmecken Dicke Bohnen aus dem eigenen Garten, ganz jung und hellgrün geerntet, wunderbar mild und süßlich *(siehe Rezept S. 52)*, einfach nach Frühling. Und die Pflanzen sind sehr widerstandsfähig, Schnee und Eis machen ihnen nichts aus. An ihnen ist alles beruhigend robust und unprätentiös, von den großen

Samen, die man direkt ins Beet sät, bis zu den spitzen, grünen Blättern und den Schoten, die im mittleren Frühling in Gruppen erscheinen. Im Winter ist ihr Grün ein erfreulicher Anblick, und die ersten Bohnen sind schon im zeitigen Frühling reif, wenn es sonst noch wenig zu ernten gibt. Ich freue mich jedes Jahr so sehr über die ersten Bohnen, dass ich sie viel zu klein ernte – mit dem Resultat, dass mir einige durch den Küchenabfluss flutschen. Hoffentlich haben Sie mehr Selbstbeherrschung.

Die höheren Sorten kippen leicht um, darum sollte man sie an ein Stangenzelt binden oder wenigstens einzelne Reiser ins Beet stecken. Alternativ säen Sie niedrige Sorten wie 'Con Amore' und 'Hangdown', die ohne Stütze auskommen und sich auch für Kübel eignen. Einige alte Sorten tragen rote Blüten, die besonders hübsch sind.

## Dicke Bohnen säen

**Wann?** Mitte bis Ende Herbst (viele Sorten kann man auch im Frühling säen, aber dann hat man so viele andere Dinge zu tun)

### In Töpfen

**SIE BRAUCHEN**

 Einen Kübel mit Dränagelöchern (mindestens 25 cm Ø), Universalsubstrat, Samen für niedrige Dicke Bohnen, 30 Minuten

**Wie?** Eine Schicht Tonscherben auf den Kübelboden geben, dann bis knapp unter den Rand Substrat einfüllen. Die Samen 5 cm tief und in Abständen von 10 cm ins Substrat drücken. Gießen und an einen sonnigen, geschützten Platz stellen.

### Im Beet

**SIE BRAUCHEN**

 Erbsenreiser oder einen Obelisken, Samen für Dicke Bohnen (hier gehen auch höhere Sorten), 30 Minuten

**Wie?** Den Obelisken an einem sonnigen Platz fest in gutem Boden verankern. An seiner Basis etwa sechs Samenkörner 5 cm tief in die Erde drücken. Alternativ Samen in Abständen von 10 cm in einer Reihe säen und dazwischen verkreuzte Erbsenreiser in den Boden stecken.

**Und dann?** Nach 2–3 Wochen zeigt sich das erste Grün. Über Winter brauchen die Pflanzen kaum Pflege, nur in Kübeln müssen sie ab und zu gegossen werden, damit sie nicht austrocknen. Weitere Tipps zum Anbau von Dicken Bohnen im Kasten oben rechts.

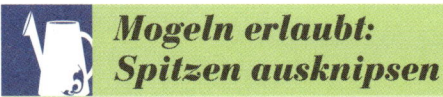

## Mogeln erlaubt: Spitzen ausknipsen

Dicke Bohnen, die im Herbst gesät wurden, wachsen im mittleren Frühling kräftig. Wenn sich die ersten Hülsen bilden, knipsen Sie die Triebspitzen mit den Fingern ab. So ist die Gefahr von Blattlausbefall geringer. Die einwandfreien Triebspitzen kann man dünsten. Sie schmecken köstlich, wie eine Mischung aus Bohnen und Spinat.

**Was kann schiefgehen?** Dicke Bohnen sind zäh, aber im Frühling werden sie oft von Blattläusen befallen *(siehe S. 136)*.

# Knoblauch

Als Mädchen hatte ich eine Freundin, deren Mutter immer mit einem breitkrempigen Hut und einem Erntekorb durch den Garten zog. Ich fand sie (und ihre vornehme Aussprache) einschüchternd, aber ich liebte ihre Küche, in der getrocknete Kräuter, Zwiebeln und Knoblauch aus ihrem schönen Küchengarten hingen. Der Raum duftete nach Rosmarin und Thymian, aber besonders faszinierten mich die Zöpfe mit dicken Knoblauchknollen, die in meinen Kinderaugen prächtig und irgendwie fremdländisch aussahen.

Noch heute fasziniert mich Knoblauch. Man steckt einfach eine Zehe in die Erde, und nach einigen Monaten wird daraus eine ganze Knolle. Dabei gedeiht er fast von allein, selbst im nordeuropäischen Klima. Eigentlich ist Knoblauch ein Anwärter auf den Preis für das pflegeleichteste Gemüse. Mein kleiner Stadtgarten deckt unseren Jahresbedarf. Ich bündele die Knollen und hänge sie – mit Wurzeln, Erdresten und allem – an eine Schranktür, weil ich finde, dass sie etwas Romantisches haben. Manchmal verschafft mir das sogar die Illusion, eine gute Köchin zu sein. Das Verarbeiten einer Knoblauchzehe macht Vergnügen: zuerst eine Zehe von der Knolle lösen, dann die papierartige Haut entfernen und das Innere hacken – für Nudeln, Saucen, Suppen oder Eintöpfe.

»Feuchte« Sorten wie 'Early Wight' oder 'Purple Wight' lassen sich nicht lange lagern, haben aber ein herrlich mildes, frisches Aroma. Sie sind im Spätfrühling erntereif. Sorten wie 'Solent Wight' dagegen sind nach dem Trocknen lange haltbar. 'Albigensian Wight' aus dem Südwesten Frankreichs ist eine großartige, weißschalige Sorte mit sehr guter Lagerfähigkeit.

### Kann ich einfach Zehen aus dem Supermarkt pflanzen?

Eigentlich ja, aber eventuell handelt es sich um importierte Sorten, die in unserem Klima nicht gut wachsen. Kaufen Sie lieber Pflanzknoblauch im Gartencenter oder bei einem Versandhändler, denn dort ist auch das Sortenangebot größer *(siehe S. 140)*.

## Knoblauch pflanzen

**Wann?** Mitte Herbst bis Anfang Winter

### In Töpfen

 Einen Kübel (mindestens 45 cm Ø) mit Dränagelöchern, Universalsubstrat, Pflanzknoblauch, 20 Minuten

**Wie?** Eine Schicht Tonscherben auf den Kübelboden geben und bis knapp unter den Rand Substrat einfüllen. Die Knoblauchknolle in einzelne Zehen teilen und diese so tief ins Substrat drücken, dass die Spitze gerade noch hervorschaut. Gießen und an einen sonnigen Platz stellen.

### Im Beet

 Pflanzknoblauch, 15 Minuten

**Wie?** Einen sonnigen Platz mit gutem Boden aussuchen. Knoblauch gedeiht in fast jedem Boden, braucht aber gute Dränage. Bei tonigem Boden in jedes Pflanzloch zuerst etwas groben Sand geben. Dann wie in Kübeln pflanzen *(siehe oben)*.

**Und dann?** In den nächsten Monaten zeigen sich grüne Halme, die über Winter für Abwechslung im Garten sorgen. Sie brauchen keinerlei Pflege. Erst im Frühling sollten Sie ab und zu gießen. Sobald im Sommer (oder bei frühen Sorten im Frühling) die Blätter gelb werden, die Knollen ausgraben *(siehe S. 90)*.

**Was kann schiefgehen?** Krankheiten und Schädlinge treten nur selten auf. Allenfalls Weißfäule oder Rost sind zu befürchten *(siehe S. 139)*.

# Winter

Jetzt ist die Zeit, in der man sich auf Weihnachten einstimmt, die Heizungen aufdreht und sich im Fitnessstudio anmeldet (und dann doch nicht hingeht). Den Garten kann man getrost vergessen, oder? Ja, könnte man, allerdings bleibt die Uhr der Natur niemals ganz stehen. Gesät und gepflanzt wird jetzt nichts, aber es gibt eine Menge zu ernten: Grünkohl und Mangold als Beilage zu Festtagsbraten, Mizuna und Mibuna für den Wok, Endivien, Feldsalat, Winterportulak, Rauke und Kopfsalate, die so gesund und entschlackend sind, dass man (fast) ohne schlechtes Gewissen bei Plätzchen und Marzipan zulangen kann. Und weil alles gleich vor der Tür wächst, muss man nur für Minuten in die Kälte hinaus.

**Wenn Sie nur für drei Dinge Zeit haben ...**

Obstbäume pflanzen, Samen kaufen, Pflanzkartoffeln bestellen

Obstbäume

Samen kaufen

Kartoffeln bestellen

# Bäumchen gegen die Kälte

Wer im Winter Gartenlust verspürt, sollte Obstbäume pflanzen. Selbst auf einem Balkon findet sich Platz für einen kleinwüchsigen Säulenapfel-, -kirsch- oder -pflaumenbaum. Oder hätten Sie lieber Aprikosen oder Pfirsiche? Obstbäumchen gedeihen problemlos in Kübeln. Bei Frostwetter sitze ich oft am PC, klicke mich durch Bilder von exotischen Chilisorten, skurril geformten Kürbissen und blauen Kartoffeln und träume davon, wie mein Garten im nächsten Jahr aussehen könnte. Es klingt nicht gerade prickelnd, in Plüschpantoffeln mit Hasenohren Samen zu bestellen, aber es ist auf jeden Fall spannender als vor dem Fernseher abzuhängen.

## Radicchio ernten

Im Sommer ausgesäter Radicchio sieht jetzt mit seinen dunkelroten, gezackten Blättern prächtig aus. Ich habe einen Kübel neben der Hintertür stehen, der an tristgrauen Januartagen richtig gute Laune verbreitet. Sie können die äußeren Blätter für Salate pflücken (Achtung, sie sind recht bitter) oder den ganzen Kopf ernten und grillen – dann schmeckt er mild und süßlich. Den ganzen Kopf vierteln, mit Olivenöl einpinseln und von jeder Seite einige Minuten grillen. Dann mit Käse belegen und nochmals überbacken, bis der Käse Blasen wirft.

## Brombeeren schneiden

Wenn die Brombeerernte beendet ist, schneiden Sie mit einer Rosenschere alle Ruten ab, die in diesem Jahr Früchte getragen haben. Es bleiben dann nur die diesjährigen neuen Triebe zurück, die alle auf einer Seite angebunden sind. Der Strauch sieht nun schief aus, aber wenn sich im Frühling neue Ruten bilden, binden Sie diese auf der freien Seite an. Tipps zum Pflanzen von Brombeeren *siehe S. 106.*

# OBSTBÄUME PFLANZEN

Um leckeres Obst zu ernten, brauchen Sie kein hektargroßes Anwesen mit mehreren Gärtnern. In meinem kleinen Stadtgarten wachsen zwei Birnbäume, ein Pflaumenbaum, eine Aprikose und ein Pfirsich am Fächerspalier sowie zwei Apfelbäume. Dabei ist der Garten so klein, dass man darin nicht am Kronleuchter schaukeln könnte. Obstbäume sind ganz leicht zu pflegen.

## *Nackte Tatsachen*

Klar, im Winter hat man wenig Lust auf Gartenarbeit. Es ist kalt, man wird schmutzig, und der gelieferte Baum sieht kläglich aus. Gehen Sie trotzdem raus.

Obstbäume kann man rund ums Jahr kaufen. Im Hochsommer bekommt man im Gartencenter einige Sorten als Containerware. Leider sind die Wurzeln im Topf oft beengt, oder die Bäume leiden an Wassermangel. Außerdem ist die Auswahl viel kleiner als bei einem Spezialanbieter. Bestellen Sie im Winter wurzelnackte Bäume online *(siehe S. 140)*, dann bleibt sogar der Kofferraum sauber. Sie haben eine größere Sortenauswahl, außerdem sind wurzelnackte Bäume preiswerter und oft gesünder.

Wurzelnackte Bäume sehen aus, als hätte ein Riese sie aus der Erde gerissen. Die Wurzeln baumeln in der Luft, und die Zweige sehen aus wie Reisig. Aber so ein Baum ist nicht tot, er hält nur Winterschlaf. Im Frühling wird er neu austreiben. Das wollte ich einmal den Mitreisenden in einem vollen Zugabteil erklären, in das ich im letzten Winter mit einem Aprikosenbaum unter dem Arm einstieg, aber die Leute sahen mich nur an, als sei ich aus einer geschlossenen Anstalt entlaufen.

## *Obstbäume in Kübeln*

Säulenbäumchen sind ideal für kleine Gärten. Sie wachsen straff aufrecht und bilden nur ganz kurze Zweige, darum kann man sie auch in Kübel pflanzen und auf engem Raum, etwa auf dem Balkon oder der Terrasse, unterbringen. Äpfel, Birnen, Kirschen und Pflaumen werden als Säulenbäumchen angeboten. Legen Sie doch gleich einen kleinen Säulengarten an!

## *Obstbäume an Mauern und Zäunen*

Wer einen Garten hat, könnte auch einen Spalierbaum kaufen. Cordons, Fächer- oder U-Formen oder mehrreihige Spalierbäume fühlen sich an warmen Mauern und Zäunen wohl und sehen auch im Winter hübsch aus. Kaufen Sie einen vorgeformten Baum, denn es dauert Jahre und erfordert einiges Wissen und Geschick, die Spaliererziehung selbst vorzunehmen.

# Äpfel und Birnen

Sie sind nicht gerade exotisch, aber dafür bringen sie zuverlässig Erträge. Empfehlenswerte Birnensorten sind 'Gellerts Butterbirne' oder 'Doyenne du Comice' oder 'Astra', eine echte Wintersorte. Bei Äpfeln ist die Auswahl so groß, dass einem schwindelig werden kann. 'Discovery', 'Braeburn', 'Cox' und 'James Grieve' schmecken ausgezeichnet. Der Bestäubung wegen müssen Sie manchmal mehr als einen Baum pflanzen. Erkundigen Sie sich bei der Baumschule.

## *Mogeln erlaubt: Herbsthimbeeren zweimal ernten*

Normalerweise schneidet man die Ruten von Herbsthimbeeren im späten Winter dicht über dem Boden ab. Weil ich aber verrückt nach Himbeeren bin, trickse ich ein bisschen und schneide gegen Ende des Winters nur die Hälfte der Ruten ab. So tragen sie einmal im Frühsommer und noch einmal im Herbst.

## *Dekadenter Wintersalat*

Pfeffrige Winterblattsalate harmonieren ausgezeichnet mit cremigem Blauschimmelkäse und mildem Dressing.

*FÜR 4 PERSONEN ALS BEILAGE,*
*FÜR 2 ALS HAUPTGERICHT*

*FÜR DEN SALAT*
*3 großzügige Handvoll Salatblätter*
*(Kopfsalat, Rauke, Mizuna… was gerade*
*pflückreif ist), größere Blätter in Stücke*
*gezupft*
*1 Chicorée, in Streifen geschnitten*
*100 g Blauschimmelkäse*
*(z. B. Stilton oder Gorgonzola)*
*1 Handvoll Pinienkerne*

*FÜR DAS DRESSING*
*1 EL Preiselbeeren aus dem Glas*
*$1/2$ EL Rotweinessig*
*$1/2$ EL Balsamico-Essig*
*1 EL Olivenöl, Salz und Pfeffer*

Den Salat gründlich waschen, schleudern und in eine Schüssel geben. Chicorée und zerkrümelten Blauschimmelkäse zufügen. Die Pinienkerne ohne Fett in einer Pfanne 3–4 Minuten hellbraun anrösten, dann auf den Salat streuen. Preiselbeeren, beide Essigsorten, Öl, Salz und Pfeffer in ein Schraubglas geben und kräftig schütteln. Über den Salat gießen und vorsichtig mischen.

# Pflaumen und Kirschen

## SCHWIERIGKEITSGRAD

Pflaumen haben echten Charme. Die Bäume sind anspruchslos, liefern aber sinnlich-saftige Früchtchen, die sonnenwarm direkt vom Baum herrlich schmecken. Auch Kirschen sind eine Bereicherung für Garten oder Terrasse. 'Stella' und 'Sunburst' sind gute Kirschsorten, und bei den Pflaumen kann man mit 'Königin Viktoria' nichts falsch machen. Wenn die Früchte reifen und besonders verlockend sind, müssen Sie vielleicht die Vögel verscheuchen oder die Bäume mit Netzen schützen *(siehe auch S. 88)*.

### Gartenlatein: Vielseitiges Vlies

Wenn eine Pflanze – z. B. ein Zitronen-, Pfirsich- oder Feigenbaum – Frostschutz braucht, wird Vlies als Abdeckung empfohlen. Da denkt man vielleicht an dicke Spüllappen, aber Gartenvlies ist viel dünner und erinnert eher an eine Tüllgardine. Und wie bitteschön soll das feine Zeug vor beißendem Nachtfrost schützen?

Ganz einfach: Es umschließt eine Luftschicht rings um die Pflanze, die isolierend wirkt und in den meisten Fällen junge Triebe vor Frostschäden schützt. So ähnlich funktioniert es – tatsächlich!

Ich packe meine Feige und den Zitronenbaum im Winter in Vlieshüllen, die Befestigungsbänder haben und wirklich praktisch sind.

# Pfirsiche und Aprikosen

Gekaufte Pfirsiche und Aprikosen sind meistens entweder hart wie Billardkugeln oder schmecken nach nichts. Zieht man sie selbst, kann man ein kleines Geschmackswunder erleben. Ich bin in meinen Pfirsich 'Peregrine' am Fächerspalier ganz verliebt und treibe um ihn einen Aufwand wie ein Dekorateur im Schaufenster eines Nobelkaufhauses. Kaufen Sie einen vorgezogenen Fächerbaum und pflanzen Sie ihn an eine geschützte Wand oder einen Zaun. Die Zweige werden an parallele Spanndrähte gebunden. Alternativ pflanzen Sie einen zwergwüchsigen Baum in einen Kübel, den Sie auf einen Sonnenplatz auf der Terrasse stellen.

Einen Nachteil haben diese Bäume allerdings. Von Herbst bis Winterende sollte man sie mit Plastikfolie abdecken, um sie vor der Kräuselkrankheit zu schützen *(siehe S. 137)*, die eine ganze Ernte vernichten kann. Dann sieht der Garten aus wie der Lagerraum einer chemischen Reinigung. Aber die Früchte schmecken so wunderbar, dass ich bereit bin, dieses kleine optische Opfer zu bringen. Außerdem werden immer mehr resistente Sorten gezüchtet. Ich empfehle den weißfleischigen Pfirsich 'Peregrine', den kräuselkrankheitsresistenten 'Kernechter vom Vorgebirge' und den Flachpfirsich (auch Platt-, Teller- oder Donut-Pfirsich) 'Galaxia' mit honigsüßem Geschmack. 'Crimson Bonfire' mit dunkelrotem Laub ist ein Zwergpfirsich für Kübel. Gute Aprikosensorten (= Marillen) sind 'Moorpark', die Säulenaprikose 'Golden Sun' oder – vor allem für kühlere Regionen – die buschige 'Ungarische Beste' *(siehe auch S. 93)*.

# Party!

Nennen Sie es Minderwertigkeitskomplex oder quälenden Perfektionismus, aber wenn ich für mehr als zwei Gäste kochen soll, plagen mich Versagensängste. Wird man den Brühwürfel in der Sauce durchschmecken? Werde ich versehentlich den Brokkoli zu Brei kochen? Findet die ganze Aktion aber draußen statt, verwandele ich mich in die Mustergastgeberin, die sich von Horden hungriger Gäste nicht aus der Ruhe bringen lässt. Was hat es mit dem Essen im Freien nur auf sich, dass selbst untrainierte Gastgeber locker bleiben? Normalerweise halte ich mich sklavisch an Rezeptvorgaben, aber sobald ich Grillduft rieche, mixe ich Salate, Marinaden und Desserts mit leichter Hand zusammen. Wen stört es schon, wenn ein paar Würstchen durch den Grillrost fallen und verkohlen?

**Wenn Sie nur Zeit für drei Dinge haben ...**

grillen Sie selbst geerntete Maiskolben, rühren Sie eine Kräutermarinade an und mixen Sie einen gefährlichen Mojito.

Mais

Kräutermarinade

Mojito

# Raus an die Luft!

Wenn früher in der Schule der Lehrer sagte: »Es ist so warm, heute machen wir draußen Unterricht«, dann war das eine unausgesprochene Einladung zu schwatzen, mit Kuli Muster auf die Hände zu malen oder einfach Löcher in die Luft zu gucken und zu träumen. So ähnlich ist es mit dem Essen im Freien. Ansonsten gültige Regeln werden außer Kraft gesetzt. Alle marschieren mit Schüsseln durch Haus und Garten, jeder nascht von irgendetwas, einer lässt den Kartoffelsalat in die Dahlien fallen. Niemand nimmt das Essen übermäßig wichtig, weil Sonne, schöne Umgebung und nette Gesellschaft uns locker machen. Und wenn es dann womöglich Tomaten, Kräuter, Knoblauch, junge Kartoffeln, Paprika, Zucchini und Erdbeeren frisch aus dem Garten gibt, schmeckt es auch noch allen.

Und wie wird nun aus dem Essen im Freien ein tolles Fest? Stimmungsvolle Beleuchtung, bequeme Sitzgelegenheiten und liebevolle Dekoration machen aus einem bescheidenen Balkon oder einer Allerweltsterrasse ein glitzerndes Wunderland, in dem man gern bis

in die frühen Morgenstunden verbleibt. Pflücken Sie frische Kräuter, spülen Sie sie kurz unter dem Gartenwasserhahn ab und werfen Sie sie einfach in den Salat. Servieren Sie Erdbeeren frisch aus dem Beet mit Schlagsahne zum Dippen. Wo kann man schließlich die Früchte der Arbeit besser genießen als in ihrer natürlichen Umgebung?

## DER GRILL

Glauben Sie nicht, was Papa, Ehemann oder Lebensabschnittsgefährte behaupten. Grillen ist keine Wissenschaft, für die man einen akademischen Abschluss, eine gestärkte Kochmütze und ein blitzblankes Set unterschiedlicher Zangen braucht. Es genügt, die Ecke einer Papiertüte anzuzünden und nach einer halben Stunde mit gekräuterten Lammkoteletts zurückzukommen. Grills haben sich weiterentwickelt seit den Zeiten, als Männer (ja, schon damals) mit Kohle herumwerkelten, die nie richtig durchglühen wollte, bis alle Gäste so angeschickert waren, dass sie sich schon auf den Heimweg machen mussten.

Jetzt gibt es zuverlässige Grillbriketts, praktische Anzündhilfen und sogar Kohle in Portionstüten, an der man sich nicht einmal die Hände schmutzig macht. Einfach die Tüte anzünden und warten, bis die Kohle glüht.

Auch der Grill selbst geht mit der Mode. Manche Modelle in Silber, Rosa oder Blau sind so niedlich, dass man sie streicheln möchte. Ich bin ganz verliebt in meinen Feuerkorb, der für die Zubereitung saftiger Steaks und gemütliche Terrassenlagerfeuer gleichermaßen taugt. Wenn es spät abends kühl wird, kann man herrlich an ihm sitzen und sich die Hände wärmen. Auch die Einweggrills aus stabiler Alufolie, die man an jeder Tankstelle bekommt, sind nicht zu verachten. Snobs mögen das anders sehen, aber die müssen meist den Grillrost nicht selbst sauber schrubben.

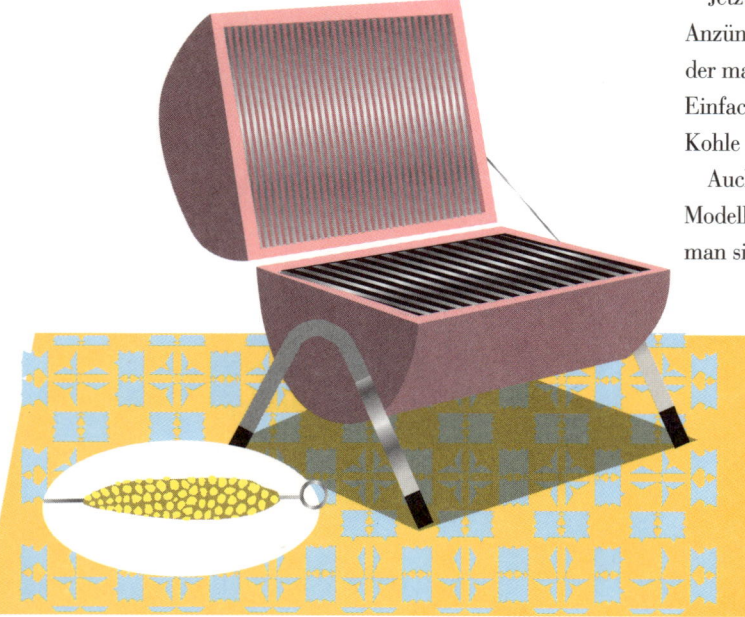

### Mogeln erlaubt: Duftende Glut

Werfen sie einige Zweige frischen Rosmarin oder Thymian auf die Grillkohle, dann duftet der Rauch herrlich und auch das Grillfleisch bekommt mehr Aroma.

## Marinaden

Gartenkräuter sind eine tolle Zutat für Marinaden. In nur einer Stunde machen sie aus einem Steak oder Lammkotelett eine Köstlichkeit. Ganz wunderbar schmecken kräftige Kräuter wie Thymian, Oregano oder Rosmarin, verrührt mit Knoblauch, Zitronensaft und Olivenöl. Rosmarin ist ein Must-have zu Lamm, Thymian zu Hähnchen und Oregano zu gegrilltem Halloumi-Käse für die Vegetarier unter den Gästen. Alle Kräuter wachsen problemlos in Töpfen *(siehe S. 30 ff.)*. Zerstampfen Sie die Kräuter mit holzigen Stängeln oder dickfleischigen Blättern kurz im Mörser, damit sie ihre ätherischen Öle abgeben. Das Fleisch mindestens eine Stunde mit der Kräutermarinade in eine Schüssel legen (über Nacht im Kühlschrank wird das Aroma natürlich intensiver) – und ab auf den Grill.

## Kräuter für Salate

Zartere Kräuter wie Petersilie, Koriander, Basilikum, Minze, Kerbel und Schnittlauch sind an anderer Stelle Gold wert. Tomatensalat ist als Basis unglaublich wandlungsfähig. Mit Basilikum schmeckt er völlig anders als mit Koriander oder Petersilie. Mixen Sie einmal rote und orangefarbene Cocktailtomaten, Büffelmozzarella und zerpflücktes Basilikum! Frische Minze schmeckt erstklassig zu jungen Erbsen, zarten Dicken Bohnen oder warmen Kartöffelchen. Und an einen perfekten Kartoffelsalat gehört einfach eine Handvoll gehackter Schnittlauch.

## Feine Bruschetta im Handumdrehen

Eins meiner Lieblingsgartenrezepte, das den Geschmack frischer, selbst gezogener Tomaten perfekt in Szene setzt. Auch Knoblauch und Basilikum aus eigenem Anbau kommen hier zum Einsatz. Ruck, zuck fertig und im Nu verputzt.

*SNACK ODER BEILAGE FÜR 4 PERSONEN*
*4 Ciabatta-Brötchen*
*2 Knoblauchzehen*
*gutes, fruchtiges Olivenöl*
*4 oder 5 Handvoll frisch gepflückte Tomaten*
*1 Handvoll frisch gepflücktes Basilikum*
*Meersalz und Schwarzer Pfeffer aus der Mühle*

Die Ciabatta-Brötchen durchschneiden und hell toasten oder grillen. Jede Hälfte mit einer Knoblauchzehe abreiben (die Schnittfläche des Brötchens wirkt dabei fast wie eine Reibe). Mit etwas Olivenöl beträufeln. Die ungehäuteten Tomaten fein hacken und (ohne den Saft) auf das Brot häufen. Mit zerpflücktem Basilikum bestreuen. Nochmals mit Olivenöl beträufeln, salzen und pfeffern.

An heißen Tagen zu kühlem Weißwein servieren.

### *Noch mehr Köstlichkeiten aus dem Garten*

Auch auf andere Weise kommen Obst und Gemüse aus eigener Ernte beim Grillen zu Ehren. Wie wäre es mit Spießen aus Zucchini, Paprika, Zwiebeln, Auberginen und Schafskäsewürfeln? Mit einem lauwarmen Salat aus frischen Kartoffeln und Dicken Bohnen? Mit kleinen Roten Beten, in Folie gegart und mit Crème fraîche und Schnittlauch serviert? Zum Nachtisch könnte es Himbeeren, Erdbeeren oder Heidelbeeren geben – einfach mit Schlagsahne in gekaufte Baiserschalen füllen. Wer sich mehr Mühe machen will, kann sie auch mit Sahne zwischen Lagen von knusprigem Filo-Teig schichten *(siehe Himbeer-Sahne-Türmchen, S. 105).*

### *Durch die Blume*

Sie haben sich mit dem Salat viel Mühe gegeben. Warum garnieren Sie ihn nicht noch mit bunten, essbaren Blüten? Sie sehen unwiderstehlich aus und schmecken schön würzig. Viele Blüten brauchen Sie nicht. Vier oder fünf Blüten von der Kapuzinerkresse und vielleicht einige Hornveilchen oder Borretschblüten genügen *(siehe auch S. 60 f.).*

### *Maiskolben*

Maiskolben *(siehe S. 50 und 92)* sind im nordeuropäischen Klima nicht ganz einfach zu ziehen. Aber frisch vom Grill schmecken sie so fantastisch, dass ich glatt ein Grillfest anlässlich der Maisernte veranstalten würde. Einfach einen Kolben von der Pflanze abbrechen und mitsamt Hüllblättern und den seidigen Fäden für mindestens eine Stunde in kaltes Wasser legen. Abschütteln, 20 Minuten auf den Grill legen und ab und zu wenden. Fäden und Blätter entfernen, und dann die Kolben mit reichlich Butter, Salz und frisch gemahlenem Schwarzem Pfeffer verfeinern und abknabbern.

## Das allerfrischeste Tsatsiki

Sie brauchen nur 15 Minuten – ideal, wenn spontan Freunde zum Essen bleiben. Sehr lecker auch zu Lammkoteletts und anderem Grillfleisch.

**FÜR 4 PERSONEN**
3 junge Gartengurken, je ca. 10 cm lang
250 ml griechischer Joghurt (10% Fett)
1 große Handvoll frisch gepflückte Minze,
die Blätter von den Stängeln gestreift
und gehackt
1 Knoblauchzehe, zerdrückt
ein paar Spritzer Zitronensaft (nach Belieben)

Die Gurken schälen und längs halbieren. Die Kerne entfernen, das Fruchtfleisch raspeln, mit Salz bestreuen und 15 Minuten ziehen lassen. Die Flüssigkeit abgießen und die Gurke gut ausdrücken. Den Joghurt in eine Schüssel füllen, mit Gurke und allen anderen Zutaten mischen, mit Salz und Pfeffer abschmecken. Zu rohen Möhren, Grissini oder Fladenbrot oder zu Gegrilltem servieren.

## GARTENMENÜ MIT STIL

Jeder Außenbereich lässt sich in einen bezaubernden Essplatz verwandeln. Wichtig ist vor allem, dass alle es bequem haben. Der Abend kann einfach kein Erfolg werden, wenn die verschnörkelten Gusseisenstühle den Gästen ein Muster in den Allerwertesten drücken. Ich habe schon herrliche Abende auf einem Läufer mit Kissen zwischen Kübeln mit Gartenfackeln erlebt. Die Stimmung war so gelöst, dass irgendjemand sogar eine Gitarre hervorzauberte – über den Rest will ich mich lieber in Schweigen hüllen.

Ich finde leichte Möbel besonders vorteilhaft, weil sie nicht an einen Platz gebunden sind. Bistrostühle und runde Klapptische sind preiswert, schön schlicht und können auch im Winter draußen stehen. Unattraktive Kunststofftische kann man mit Tischdecken kaschie-

Natürlich wollen Sie nicht angeben, aber warum soll man einen Zitronen- oder Feigenbaum halten, wenn man seine Gäste nicht mit exotischen Früchten und vermeintlichem Garten-Know-how beeindrucken kann? Also stellen Sie das gute Stück in die Nähe des Tischs! Zitrusblüten haben einen herrlichen Duft, fast zu schade, um ihn in Grillschwaden zu hüllen. Und wenn Ihr Zitronenbäumchen tatsächlich einmal trägt *(siehe S. 94)*, ist jetzt der Moment, eine Frucht zu pflücken, aufzuschneiden und mit Gin Tonic zu servieren. Ein Feigenbaum im Kübel verbreitet sofort Mittelmeerstimmung – sogar an einem grauen Tag in Norddeutschland kurz vor dem nächsten Nieselregen.

ren, Plastikstühle mit bunten Kissen garnieren. Auch Regiestühle sind hervorragend: bequem, bezahlbar und leicht zusammenzuklappen und zu verstauen. Liegestühle kommen nie aus der Mode. Wetterfeste Sitzsäcke gibt es in vielen tollen Farben. Sie sind witzig und bequem genug, um es sich darauf mit der Sonntagszeitung gemütlich zu machen. Zwischen Juni und September muss man sich schon anstrengen, mich von meinem rosaroten Liegesack runterzulocken. Es gibt spezielle Gartenkissen mit kunststoffbeschichteter Rückseite, die nicht feucht werden. Normale Kissen tun es auch, wenn man daran denkt, sie bei Feuchtigkeit ins Haus zu holen, und sich über Ketchupflecken nicht aufregt.

### *Lichtspiele*

Haben Sie auch schon einmal bei einem späten Essen die Gabel über ein Teelicht gehalten, um nachzusehen, ob vielleicht eine Schnecke in den Kartoffelsalat gekrochen ist? Ja, Gartenbeleuchtung muss so hell sein, dass man sieht, was man isst. Aber nicht heller, sonst fühlt man sich wie auf dem Busbahnhof. Kerzen, Fackeln und Minilichterketten sind die besten Stimmungs-

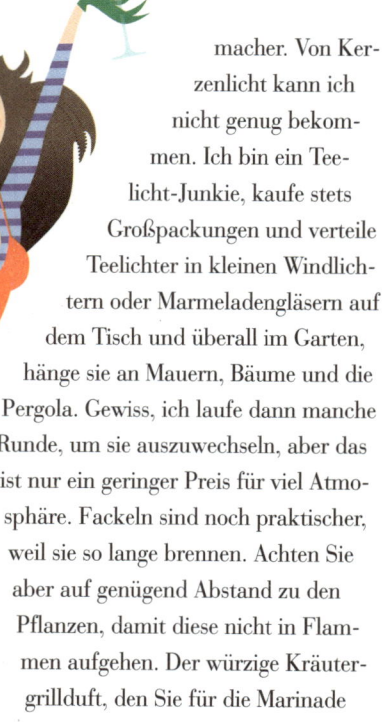

macher. Von Kerzenlicht kann ich nicht genug bekommen. Ich bin ein Teelicht-Junkie, kaufe stets Großpackungen und verteile Teelichter in kleinen Windlichtern oder Marmeladengläsern auf dem Tisch und überall im Garten, hänge sie an Mauern, Bäume und die Pergola. Gewiss, ich laufe dann manche Runde, um sie auszuwechseln, aber das ist nur ein geringer Preis für viel Atmosphäre. Fackeln sind noch praktischer, weil sie so lange brennen. Achten Sie aber auf genügend Abstand zu den Pflanzen, damit diese nicht in Flammen aufgehen. Der würzige Kräutergrillduft, den Sie für die Marinade halten, könnte auch von Ihrem lang gehegten Lorbeerbäumchen kommen. Auf den Tisch stelle ich gern dicke, weiße Kerzen – in Gläsern, damit der Wind sie nicht auspustet. Die bequemste Lichtlösung ist allerdings die gute, alte Lichterkette. Man kann sie um Äste oder Balkongitter winden und an Wände hängen. Mit Lichterketten kann man fast nichts falsch machen, außer vielleicht, das Kabel so zu verlegen, dass man darüber stolpert. Farbige Lichterketten erinnern an griechische Tavernen, und wer Kitsch mag, kann sich vielleicht für Lämpchen in Form von Chilis oder Blumen begeistern. Für alle anderen sind einfache, weiße Lämpchen genau richtig.

## Mojito gegen den Bürofrust

Vor einigen Jahren habe ich Urlaub in Kuba gemacht und fand die Küche so langweilig, dass ich sieben Kilo abnahm. (Es gab wiederholt trockenes Hühnerfleisch mit gekochtem Reis und einer halben Tomate.) Aber ganz so schlimm war die Sache nicht, denn ich lernte auch den berühmten Cocktail kennen. Pflanzen Sie Minze an, dann können Sie jederzeit eine Traumreise in die Karibik machen.

*FÜR 1 GLAS*
*14 frische Minzeblätter und 1 Zweig*
*zum Garnieren – Grüne Minze (Mentha spicata)*
*oder andere Arten*
*2 TL feiner, weißer Zucker*
*Saft von 1/2 Limette*
*4 große Eiswürfel*
*50 ml weißer Rum*
*2 Spritzer Angostura Bitter*
*(nicht unbedingt nötig, aber gut fürs Aroma)*
*Mineralwasser mit Kohlensäure*

Minzeblätter, Zucker und Limettensaft in einem hohen Glas mit einem Stößel oder Löffelrücken zerdrücken, um das Minzaroma zu verstärken. Das Glas mit zerstoßenem Eis auffüllen. (Eiswürfel im Mörser zerstoßen oder in ein Geschirrtuch wickeln und mit einer Backrolle zertrümmern.) Rum und Angostura zugeben, mit Mineralwasser auffüllen und mit einem Zweig Minze garnieren.

## Einen Trick habe ich noch ...

Wenn Sie zusammen Weißwein trinken, lassen Sie in letzter Minute, wenn der Gast das Glas schon in der Hand hat, eine Borretschblüte in den Wein fallen. Durch die Säure im Wein verfärben sich die blauen Blüten rosa.

## Fruchtiger Pimm's

Der ultimative Sommerdrink – nicht nur in den Tropen. Und eine gute Möglichkeit, ihre wundervollen Erdbeeren, Gurken, Minze und Borretschblüten zu präsentieren. Aber nicht übertreiben, sonst hat man das Gefühl, eine Wiese zu trinken.

**FÜR 6 PERSONEN**
*Pimm's No. 1*
*1 große Flasche Zitronenlimonade*
*1 kleine Gartengurke*
*(oder 1/3 normale Salatgurke)*
*2 Handvoll frisch gepflückte Erdbeeren*
*reichlich Eiswürfel*
*frisch gepflückte Minzezweige*
*ca. 10 Borretschblüten (siehe S. 60)*

In einem großen Krug 1 Teil Pimm's mit 4 Teilen Limonade mischen. Den Krug nur zu zwei Dritteln füllen, damit Platz für die Früchte bleibt. Die Gurke längs in dünne Scheiben schneiden (große Gurke quer schneiden). Erdbeeren je nach Größe halbieren oder vierteln. Eiswürfel, Erdbeeren, Gurke und Minze in den Krug geben und kurz umrühren. Mit den Blüten bestreuen und servieren.

# DRINKS FÜR DAS GARTENFEST

## Eis mit Extras

Wenn Ihr Gastgeberinnenehrgeiz mit der Zubereitung der Cocktails noch nicht erschöpft ist, legen Sie doch noch eins drauf. Frieren Sie essbare Blüten in Eiswürfeln ein, mit denen Sie Cocktails, Fruchtsaft oder Wasser kühlen. Ihre Gäste werden hingerissen sein, wenn makellose Kapuzinerkresse- oder Hornveilchenblüten in klarem Eis in ihren Gläsern schweben. Oder sie fangen an zu fischen, weil sie denken, es sei etwas von einem Strauch in ihr Glas gefallen.

Das Geheimnis solcher Eiswürfel ist das Wasser. Es muss destilliertes Wasser sein, denn Leitungswasser wird trüb, und damit ist der Effekt dahin. Kaufen Sie einen Kanister destilliertes Wasser im Drogeriemarkt. Füllen Sie die Eiswürfelform zur Hälfte und frieren Sie sie ein. Pflücken Sie Himbeeren, Heidelbeeren, Minzezweiglein, Blüten von Kapuzinerkresse, Hornveilchen oder Borretsch – oder was noch essbar ist und hübsch aussieht. Auf das Eis legen, mit destilliertem Wasser auffüllen und wieder einfrieren. So einfach machen Sie aus einem profanen Drink ein Gesamtkunstwerk. Bree Van de Kamp wäre stolz auf Sie.

## Der Morgen danach

War die Partynacht lang? Kräutertee stellt den inneren Frieden wieder her und sorgt für einen klaren Kopf. Einfach fünf oder sechs Rosmarinnadeln in eine Tasse geben, mit kochendem Wasser übergießen und einige Minuten ziehen lassen. Auch Zitronenverbenentee vertreibt die Spinnweben aus dem Kopf. Fünf oder sechs Blätter mit kochendem Wasser übergießen, ziehen lassen und trinken – am besten in einem dunklen Zimmer. Wenn das nicht hilft, essen Sie ein Schinkenbrot und nehmen Sie eine Tablette.

# Feindbilder

Leider sind Sie nicht alleine auf das Obst und Gemüse scharf, das in Ihrem Garten wächst. Da draußen gibt es Scharen von Schädlingen, vor allem Schnecken, die nur auf einen günstigen Moment warten. Außerdem können Krankheiten Ihren sorgsam gehegten Pflanzen zusetzen. Natürlich ist man versucht, zu Schneckenkorn zu greifen, wenn man Schneckenspuren sieht, wo gestern noch Möhrensämlinge standen, oder mit Giften scharf zu schießen, wenn die Bohnenspitzen schwarz von Läusen sind. Was bleibt, wenn Sie giftfreies Biogemüse ernten wollen? Wachsamkeit, insektizide Flüssigseife und Finger zum Absammeln sind die besten Waffen. Auch die übrigen Maßnahmen, die hier genannt werden, sind mit organischem Anbau vereinbar.

**Wenn Sie nur Zeit für drei Dinge haben ...**

dann kaufen Sie insektizide Seife; legen sie Reisig auf den Boden, um Katzen zu vertreiben; erklären Sie Schnecken zu Erzfeinden.

insektizide Flüssigseife

Katzen vertreiben

Schnecken bekämpfen

## Blattläuse

• **schwarze** Ein lästiger Schädling an Bohnen aller Art. Die winzigen, schwarzen Insekten sitzen vor allem an den Triebspitzen, deren Saft sie saugen. Oft sieht man auch Ameisen über die Läuse streichen, um sie zu »melken« und deren Sekret zu fressen. Bei Dicken Bohnen die Triebspitzen ausknipsen, sobald sich vier Gruppen von Hülsen gebildet haben, oder die Läuse mit einem harten Wasserstrahl abspritzen oder mit insektizider Seife, in Wasser gelöst, behandeln. Am besten geht es mit einem Pumpzerstäuber.

• **grüne** Auch grüne Blattläuse versammeln sich gern an zarten Triebspitzen. Sie saugen Saft und schwächen so die Pflanzen. Auf ihren eklig-klebrigen Ausscheidungen, die auf den Blättern glänzen, siedeln sich schnell Pilz-

krankheiten an. Am besten beseitigen, sobald man sie sieht. Insektizide Seife oder Spülmittel mit Wasser verdünnen und damit spritzen.

## Blütenendfäule

Eine Tomatenkrankheit, die sich durch ledrige, dunkle Flecken an den Unterseiten der Früchte äußert. Ursache ist unregelmäßiges Gießen. Befallene Früchte entfernen und künftig regelmäßig wenig Wasser geben, statt die Pflanzen nur sporadisch zu fluten.

## Erdflöhe

Winzige Löcher in Rucolablättern? Kleine, schwarze Insekten, die massenhaft auffliegen, wenn man die Blätter berührt? Das sind Erdflöhe. Bei geringem Befall schaden sie der Ernte nicht ernsthaft, und die Löchlein im Salat fallen kaum auf. Wer lieber vorsichtig ist, sollte zwischen Ende Mai und Hochsommer keinen Rucola säen, denn um diese Zeit treten die kleinen Tierchen hauptsächlich auf.

## Geplatzte Tomaten

Ursache ist meist unregelmäßiges Gießen. Lieber oft und wenig gießen, als die Pflanzen nur sporadisch zu fluten.

## Grauschimmel

Früchte oder Blätter zeigen einen pelzigen, grauen Belag, der sich ausbreitet, bis die ganze Frucht fault. Tritt vor allem in feuchten Sommern auf. Befallene Früchte und Blätter entfernen. Salat nicht so tief pflanzen, dass die Blattansätze im Boden liegen.

## Himbeerkäfer

Der Schädling legt Eier in Himbeeren, die dadurch hart, braun und ungenießbar werden. In den Beeren findet man manchmal kleine, weiße Larven. Um unerwünschte Gäste aus den Früchten zu treiben, die Himbeeren vor dem Essen in Salzwasser legen und danach gründlich kalt abspülen.

## Katzen
*Siehe Feindbild Nr. 2, S. 51*

## Kräuselkrankheit

Die Pilzkrankheit befällt Pfirsiche und Nektarinen. Sie wird durch Spritzwasser (Regen) übertragen. Darum wird empfohlen, die Bäume von Herbst bis Spätwinter mit Plastikfolie abzudecken. Das sieht nicht hübsch aus, aber wer jemals die ganze Ernte durch den Pilz verloren hat, setzt andere Prioritäten. Zu erkennen an rötlichen, verkrüppelten Blättern, die später abfallen.

## Krautfäule

Diese Pilzkrankheit befällt Tomaten und Kartoffeln. Bei Kartoffeln sind braune Flecken auf den Blättern mit weißen Rändern auf den Unterseiten ein Alarmzeichen. Tomaten bekommen braune Blattflecken und schwarze Flecken auf den Stielen. Pflanzen, die erkrankt sind, kann man nicht mehr retten. Kaufen Sie lieber gleich resistente Sorten. Befallene Kartoffelblätter am Boden abschneiden und sofort verbrennen, in der Hoffnung, dass die Sporen noch nicht die Knollen befallen haben. Bei Tomaten kann die ganze Ernte quasi über Nacht faulen. Der Pilz tritt vor allem in feuchten, kühlen Sommern auf. Wer nur Frühkartoffeln pflanzt, bleibt zum Glück meistens verschont.

### Mehltau

Sehen Ihre Pflanzen aus wie mit Puder bestäubt? Dann könnte es Mehltau sein, eine Pilzkrankheit, die bei schlechter Belüftung, trockenem Boden und feuchter Luft auftritt. Besonders gefährdet sind Erbsen, Zucchini, Kürbisse und Wicken. Die Pflanzen sterben nicht ab, werden aber geschwächt, sehen hässlich aus und tragen weniger Früchte. Wichtigste Vorbeugung: Mit großzügigem Zwischenraum pflanzen. Bei Befall ein

Teil Milch mit neun Teilen Wasser verdünnen und auf die Pflanzen spritzen. Regelmäßig gießen und düngen! Sorgen Sie auch dafür, dass die Luft möglichst ungehindert um die einzelnen Pflanzen zirkulieren kann.

### Möhrenfliege

Die Fliege legt Eier an Möhren, die Larven fressen Tunnel bis ins Zentrum der Wurzeln, sodass diese faulen. Warnzeichen sind rötliche Blätter, die bei warmem Wetter vertrocknen. Vorsorge ist die einzige Maßnahme. Am besten resistente Sorten säen *(siehe S. 41)*. Alternativ in Kübel säen, sodass die Möhren mehr als 60 cm über dem Boden wachsen (die Schädlinge können gar nicht gut fliegen). Sparsam säen, damit Sie später nicht auslichten müssen, denn der in diesem Moment entstehende Möhrengeruch lockt die Fliegen an.

### Raupen

Große Löcher in Kohl- und Kapuzinerkresseblättern? Keine Spur von Schnecken? Dann sind Raupen die üblichen Verdächtigen. Raupen absammeln. Mit den Eiern, die in Gruppen auf den Blattunterseiten zu finden sind, ebenso verfahren. Ein bisschen eklig, stimmt, muss aber sein.

### Rost

Orangefarbene Flecken auf dem Laub von Knoblauch. Sie können beruhigt ernten, aber in den nächsten drei Jahren Knoblauch woanders pflanzen.

### Rote Spinnmilbe

Normalerweise kennt man den Schädling von Zimmerpflanzen, aber in heißen, trockenen Sommern können die winzigen Sauger auch Blätter von Gartenpflanzen befallen. Gefährdet sind vor allem Gurken, Paprika und Zitronenbäumchen. Warnzeichen sind weißliches Gespinst und hellgelbe Flecken auf den Blattunterseiten. Die Blätter regelmäßig mit Wasser besprühen, um die Luftfeuchtigkeit zu erhöhen. Im Haus kann man auch einen Nützling namens *Phytoseiulus persimilis* einsetzen.

### Schildläuse

Ein Problem von Zitrusbäumchen. Die Insekten sitzen in Gruppen auf den Blattunterseiten und in den Blattachseln (wo Blattstiel und Spross zusammentreffen). Sie saugen Saft und schwächen die Pflanze. Absammeln oder mit einer alten Zahnbürste und Seifenwasser entfernen.

### Schnecken

*Siehe Feindbild Nr. 1, S. 36.*

### Schorf

Tritt oft bei Kartoffeln auf und äußert sich durch raue, schorfige Flecken auf der Schale. Sie sind nur oberflächlich und beeinträchtigen den Geschmack nicht, darum kann man sie einfach abschrubben oder beim Schälen entfernen. Als Vorbeugung während des Knollenansatzes gut gießen, wiederstandsfähige Sorten wählen und den Boden nicht kalken.

### Weiße Fliege

Fliegen massenhaft kleine, weiße Insekten auf, wenn Sie eine Pflanze berühren? Das dürften Weiße Fliegen sein. Sie schwächen die Pflanze und sind vor allem für junge Tomatensämlinge gefährlich. Insektizide Seife oder Spülmittel, mit Wasser verdünnt, mit einem Pumpzerstäuber aufspritzen.

### Weißfäule

Ein Pilz, der die Wurzeln von Zwiebelgewächsen (Porree, Zwiebeln und Knoblauch) befällt und die Pflanzen faulen lässt. Warnzeichen sind ein flaumiger, weißer Belag auf dem Boden um die Wurzeln und schwächelnde, gelbliche Pflanzen. Befallene Pflanzen ausgraben und verbrennen. Drei Jahre lang Zwiebelgewächse woanders pflanzen. Dann sollten die Erreger aus dem Boden verschwunden sein.

# Grüne Seiten

## Wo bekomme ich, was ich suche?

### Baumschule, Gärtnerei

Wer eine gute Baumschule oder Gärtnerei in der Nähe hat, sollte diese immer als erste Anlaufstelle nutzen. Erkundigen Sie sich als Gartenneuling bei Bekannten oder beim nächsten Schrebergartenverein, wo man Pflanzen und Saatgut in bester Qualität und gute Beratung erhält. Wenn es so etwas nicht in Ihrem Wohnumfeld gibt, bekommen Sie über das Internet natürlich alles, was Sie brauchen und wünschen. Hier kann man die Ware allerdings nicht vorher anschauen und anfassen und man hat meist keinen persönlichen Ansprechpartner.

Unter *www.bio-gaertner.de* findet man unter »Bezugsquellen« zahlreiche Adresse von guten und speziellen Anbietern vor Ort. Vielleicht entwickeln Sie ja ein Faible für Gartentourismus.

### Kräuter

*www.ruehlemanns.de*
Die umfassende Seite zu Kräutern: Infos, Forum, Verkauf.

### Breites Sortiment

*www.bakker-holland.de*
Samen, Pflanzen, Zwiebeln, bis hin zur Wespenfalle.

*www.baldur-garten.de*
Alles, was das Gärtnerherz begehrt.

*www.gaertner-poetschke.de*
Sämereien, Pflanzen, Zubehör.

*www.garten-schlueter.de*
Sämereien, Pflanzen, Zubehör.

*www.thompson-morgan.de*
Englische Koryphäe in Sachen Gartenbedarf. Versendet auch nach Deutschland, Österreich und in die Schweiz.

### Saatgut

*www. samenfachhandel.de*
Neben Saatgut auch Blumenzwiebeln und Pflanzenschutzmittel im Sortiment.

*www.graines-baumaux.fr*
Wer des Französischen mächtig ist, findet hier eine unglaubliche Auswahl und wird viel Freude haben.

*www.samenhaus.de*
Sehr übersichtlich gestaltete Seite.

*www.biosaatgut.de*
Streng biologisch kontrollierte Samen von Demeter.

*www.tom-garten.de*
Umfangreiches Angebot mit Möglichkeit der telefonischen Beratung.

*www.samenshop24.de*
Samen, Zwiebeln, aber auch Dünger und Nützlinge.

*www.dreschflegel-saatgut.de*
Biosämereien mit Schaugarten in Schönhagen (www.schaugarten.kuhmuhne.de).

*www.sperli.de*
Auf Wunsch gibt es noch einen Katalog auf Papier! Liest sich besser auf dem Sofa oder im Garten …

## Obstbäume und -sträucher

*www.obstbaeume.de*

*www.manufactum.de*
Hier werden moderne und alte Sorten angeboten, u. a. eine winterharte Feige.

*www.gaertnerei-strickler.de*
Alte Obstbaumsorten in Bioqualität.

## Gartengeräte und -möbel

*www.manufactum.de*
Hochwertige Pflanzkübel, Bögen, Rankhilfen, Pflanzstützen, Möbel aus Holz und Metall uvm.

*www.garpa.de*
Hochwertige Möbel für draußen.

*www.teak-and-garden.de*
Gartenmöbel im oberen Preissegment.

*www.otternurseries.co.uk*
Ihnen gefällt der englische Gartenstil? Dann sind Sie hier genau richtig.

*www.gartenbedarf-versand.de*
Hinter dieser Allerweltsadresse verbirgt sich der renommierte Ward Gartenbedarf. Hier erhält man hochwertiges Werkzeug, Rankhilfen, alles zur Bewässerung, Anzuchthilfen und, und, und. Englischer Händler mit deutschem Katalog!

*www.metallbau-leffler.de*
Thüringischer Spezialist für Rosenbögen und Pflanzenstützen.

## Pflanzgefäße

*www.whichfordpottery.com*
… ist die ultimative Adresse für geschmackvolle Pflanzgefäße aus Terracotta.

*www.fass-schmid.de*
Renommierte Firma aus München mit speziellem Angebot an Fässern als Pflanzgefäße.

## Blumenzwiebeln

*www.gewiehs-blumenzwiebeln.de*
Neben dem umfangreichen Blumenzwiebelsortiment erhält man auch Gemüse und Blumensamen.

*www.tulipworld.com*
Ein Zwiebelversender aus dem Land der Tulpen: Niederlande.

## weitere Pflanzeninformationen

*www.bohnen-seiten.de*
Wie der Name schon sagt …

*www.bio-gaertner.de*
Sie wollen es ganz genau wissen? Hier finden Sie zu unzähligen Pflanzen – Obst, Gemüse, Kräuter, Blumen – detaillierte Porträts mit Hinweisen zu zahlreichen Sorten. Da finden Sie Früh- und Spätblühendes, lesen, welche Sorten resistent gegen häufige Erkrankungen sind, und vieles mehr.

# Register

# Dank

Für D., wen sonst?

Danke schön sage ich meiner Mutter, meiner Schwiegermutter, meiner Nachbarin Ellie und allen, die mir fünf Minuten Zeit verschafft haben, um dieses Buch zwischen Handwerkern und Kleinkindern zu schreiben. Vielen Dank an Heather Holden-Brown und Elly James für ihren Rat und ihre Ruhe. Danke an David Hews für das Titelfoto, an *The Creaky Shed* und das Deptford Project für ihre Unterstützung. Zum Schluss ein Dankeschön an Emma und Amy im Verlag, die aus alldem ein richtiges Buch gemacht haben.